何琳儀　著
季旭昇　編訂

文史哲學集成

古幣叢考

王貴忱謹題

文史哲出版社印行

國家圖書館出版品預行編目資料

古幣叢考 / 何琳儀著 ; 季旭昇編訂. -- 初版.
-- 臺北市 : 文史哲, 民 85
面 ; 公分. --（文史哲學術叢刊 ; 369）
ISBN 957-549-027-4 （平裝）

1. 古錢 - 中國 - 先秦（公元前 2696-221 ）- 論文,講詞等

793.4 85007886

文史哲學集成 369

古幣叢考

著者：何琳儀
編訂者：季旭昇
出版者：文史哲出版社
登記證字號：行政院新聞局局版臺業字五三三七號
發行人：彭正雄
發行所：文史哲出版社
印刷者：文史哲出版社
台北市羅斯福路一段七十二巷四號
郵撥〇五一二八八一二彭正雄帳戶
電話：三五一一〇二八

實價新台幣四〇〇元

中華民國八十五年八月初版

ISBN 957-549-027-4

古幣叢考

前言

我國金屬鑄造貨幣一般認爲肇始於春秋中晚期，這有《國語》記載周景王「鑄大錢」可以爲證。通常所說的「先秦貨幣」即指春秋晚期至戰國末年流通於各國的金屬鑄造貨幣。

先秦貨幣自身屬一種考古遺物，既包括發掘品，也包括傳世品。按考古類型學劃分，先秦貨幣計有：

一．刀幣：包括齊刀、莒刀、明刀、尖首刀、針首刀、小直刀等。

二．布幣：包括空首大布、平肩弧足空首布、斜肩弧足空首布、聳肩尖足空首布、銳角布、橋形布、尖足布、圓足布、三孔布、方足小布、燕尾布、連布等。

三．圜錢：包括圓孔錢、方孔錢、錢牌等。

四．金版、鉛版。

五．銅貝。

以上只是大框架的劃分，如果進一步詳析：明刀有磬折背、弧形背之別；橋形布有平肩、圓肩之別；尖足布有聳肩、平肩之別；平肩尖足布又含類尖足布、類圓足布等。凡此紛紜複雜的貨幣形制，是後來任何歷史時期無法比擬的。先秦貨幣既然屬考古遺物，考古類型學的若干原則當然也適用於先秦貨幣形制的研究。從實踐證明，結合先秦貨幣銘文研究，用以考察先秦貨幣形制的演變，不失為一種行之有效的方法。我們認為，自三家分晉前後至秦統一之前，趙國布幣經歷如下演變過程：

聳肩尖足空首布 → 聳肩尖足平首布 → 平肩尖足平首布 → 類方足布 → 方足小布 → 類圓足布 → 圓足布 → 圓足三孔布

其中由空首演化平首，聳肩演化平肩，平肩演化圓肩，尖足演化方足，方足演化圓足，無孔演化有孔等規律，可謂井然有序，洞若觀火。凡此對判定聳肩尖足空首布、類方足布、類圓足布、乃至三孔布的國別都大有裨益。或以為上揭品類銘文中的地名有屬韓、魏者，均應重新考慮。至於考古遺址與考古遺物的關係，無疑也有利於幣制年代的推定。例如陝西省華陰縣戰國早期古城遺址出土有「⿰禾阝半釿」橋形布，這為判斷橋形布的年代和國別提供堅實的考古實證。

先秦貨幣多鑄有銘文，屬地下出土文獻，未經後人竄改，其文獻學方面的價值是不言而喻的。下面試從八項舉例說明：

一．先秦貨幣銘文字數普遍不多，然亦有支言片語而有裨於對勘舊史料者。例如齊六字刀銘「齊返邦長大刀」。其中「返邦」即「返國」，與失國相對而言（參《莊子．讓王》）。「齊返邦長」顯然是戰國晚期「破燕軍，復齊國」的齊襄王。齊六字刀是我國歷史上第一枚「紀念幣」，彌足珍貴。

二．先秦貨幣銘文內容多爲地名，這爲研究春秋戰國時期，尤其是戰國時期各國疆域，提供可信的考古實證。以往地理專著中所附戰國疆域地圖，往往是相當長歷史時期內各國地名的平面分佈情況。在《國策地名考》、《中國歷史地圖集》所載戰國時期各國地圖中，很難窺見戰國地名「朝秦暮楚」的變遷。如果參照先秦文獻與先秦貨幣銘文中的地名記載，似可爲戰國沿革地理投遞一線曙光。例如：橋形布銘文中地名大致可以鉤畫出戰國早期至魏惠文王遷都大梁期間的魏國版圖，三孔布銘文中地名大致可以鉤畫出西元前二四九—二二二年間的趙國版圖。歷代文獻中若干地名，舊注有不詳其地望者，結合先秦貨幣銘文的釋讀或可落實。例如：《史記．趙世家》「百邑」，三家注未置一辭，今注亦多闕而不釋。二十四史校點本在「百邑」旁不加地名豎線，似亦不以其爲地名。《中國歷史地圖集》據《水經．汾水注》定「百邑」於今山東省霍縣東南，驗之「百邑」聳肩尖足空首布的國別，可成定論。又《趙世家》「韓皋」，舊注闕釋。據《水經．聖水注》「寒號」，復驗之燕國方足布銘「韓刀」，知三地乃一音之轉，即《詩．大雅．韓奕》之「韓城」。又尖足布銘文「鄤𨚗」，即《顏氏家訓．勉學》之「䜴𧮰」，地僻城小，鮮爲人知。廣博淵雅的顏之推尙以爲「博求古今，皆未能曉」。諸如此類被歷史塵沙湮沒的「龐貝」古城，在先秦貨幣銘文中可能還會發現，希望古文字、古地理研究工作者共同追尋。

三．先秦貨幣名稱比較複雜，齊刀、莒刀、小直刀銘有「刀」，橋形布銘有「布」，金版銘有「貞（釘）」、「爯（稱）」，銅貝銘有「巽（選）」，燕國方足布銘有「强（鏹）」，橋形布銘有「㡀（幣）」，燕尾布銘有「比（幣）」，均可與文獻相互印證。貨幣專用術語亦頗值得注意，諸如齊刀「大厇」、橋形布「夸釿」、燕尾布「杭（橅）比（幣）」、錢牌「見（現）金」等。計量單位「釿」、「守（鋝）」、「刀」、「兩」、「甾（錙）」、「朱（銖）」的實際重量，尙可深入研究。

四．齊刀背銘文或有所謂「吉語」者，諸如「大行」、「大昌」、「闢邦」、「安邦」等，往往亦見六國古璽。空首布銘文多爲單字，彼此間除可用數字、干支聯繫外，間或亦有可綴連通讀爲「吉語」者，例如「大吉羊（祥），君尙（常）富」。近時學者指出空首布單字銘文尙有周王廟號、五等爵、五聲、八音等，殊堪注目。同理，明刀背銘單字銘文似亦不僅限於數字。如何綴連通讀，值得探討。

五．莒刀銘「冶」字的發現，與三晉兵器銘文中習見的「冶」字同樣重要。冶煉金屬貨幣是古代經濟活動中的大事，「冶」字爲古代經濟學、金屬工藝學的研究提供了考古方面的新穎材料。

六．先秦貨幣銘文的年代上限，一般定爲春秋晚期，從古文字學角度劃分應屬戰國文字研究範疇（參拙著《戰國文字通論》二頁）。其年代下限，無疑是西元前二二一年。因此，先秦貨幣銘文是戰國文字原始資料之一。戰國文字號稱奇詭難識，在貨幣文字中表現得尤爲突出。筆畫高度簡省，歧異多變，似是貨幣文字的主要特點。有關貨幣文字形體結構的分析和歸納，尙需戰國文字研究者共同努力。

七．齊圜錢銘文「賹」字，舊多以爲是地名或金屬單位。根據「賹」字在楚銅量和齊圜錢中的辭例，始可正確地判斷《廣韻》「賹，記人、物也」的句讀，從而使這一罕見的訓詁材料得以復活。

八．先秦貨幣文字的書法亦頗有特色。三晉布幣文字布局緊湊，筆畫方折，呈現一派爽勁挺拔的風格。這不僅可從同時代的作品，諸如侯馬盟書、中山王器、三晉小璽中尋到其親緣關係，亦可從後世瘦金書中窺見其流風餘韻。

總而言之，先秦貨幣銘文研究的領域十分廣闊。從考古學、歷史學、地理學、錢幣學、民俗學、金屬學、文字學、訓詁學、書法學等多角度探討，必將使先秦貨幣研究呈現十分繁榮的局面。

先秦貨幣銘文的釋讀，是各項研究的首要之務。字尚不識，遑論其它。圍繞先秦貨幣銘文的釋讀，古代學者付出辛勤的勞動，並取得豐碩的成果，然而也有許多不盡人意之處。首先，兩宋以降古錢學家多不精通古文字，清代小學家又多不染指古錢。孫詒讓、劉心源集古錢學家和古文字學家於一身的學者實屬鳳毛麟角。其次，戰國文字是本世紀七十年代才重新崛起的新學科。歷史長期沈澱的貨幣銘文中的種種誤釋，猶如「太倉積粟，陳陳相因」。在古錢著作中廣爲流傳，並爲多數考古工作者所承認。其中若干誤釋實經不起文字點畫的推敲。因此，利用戰國文字這門年輕學科已取得的成績，重新檢驗舊釋是否正確，似乎應是戰國文字字研究者義不容辭的責任。近十幾年，若干學者在釋讀先秦貨幣銘文方面取得重大突破，是非常可喜的現象。當然，推翻舊說、樹立新說必須采取縝密的偏旁分析法，結合戰國文字的特點謹慎立論。否則終將陷入「以五十步笑百步」的泥淖。

筆者長期以來從事戰國文字教學工作，因此對先秦貨幣文字頗多留意。一九八四年初撰《返邦刀幣考》，在古錢學界產生一定影響。嗣後十年間撰寫錢幣論文二十餘篇（多完成於近五年）。今彙爲一集，姑且做爲十年來學習先秦貨幣文字的心得總結。

本集收入先秦貨幣論文二十五篇，大多已公開發表（包括已交稿待刊者），每篇文末注明刊物名稱和出版時間（或交稿時間）。另外也收入六篇新作，其中若干釋讀參見拙作《戰國文字通論》。《古幣文編校釋》。業已發表的文章，一般只作技術性的變動，略有增删。若干文章增添插圖、地圖。重大的變動，均在每篇文末「編後記」中說明。讀者可以從中筆者釋讀先秦貨幣銘文所經歷的曲折道路，也許還可以從中汲取若干經驗教訓。本集所收論文次序與寫作時間、發表時間均無關，而是按國別編排，即齊、燕、周、韓、趙、魏、衛、楚之順序。一國之內再按幣制編排，例如趙國貨幣次序爲尖足空首布、尖足布、方足布、三孔布等。最後殿以綜合性文章。本集所收諸文原來或附有「引用書目簡稱表」，書名每有歧異，今統一簡稱於本集之末。

本集所收諸文多側重古幣文字之考定，芻蕘之言倘有一、二可采者，已深幸矣。古泉家方藥雨詩云：

奢願難償誤在前，與賢與後聽諸天，
眼前總算爲吾有，多少遺珠天惘然。

以之譬喻考文訂字，抑有同慨乎？聊書於此，以博大雅一粲。

何琳儀　一九九四年元月於長春

目次

漫談戰國文字與齊系貨幣銘文釋讀

——齊國貨幣研討會發言稿——

這次應邀參加「齊國貨幣研討會」，非常榮幸。會議期間，各位專家精采的發言和頗有水平的研究論文給我留下深刻的印象，對於門外漢的我，可謂獲益良多。我對貨幣本身素無研究，只是因爲教學的緣故，近年來涉獵了一些貨幣銘文而已。三句話不離本行，下面僅就古文字學方面談談自己對齊系貨幣銘文的一些粗淺認識。

齊系貨幣銘文是戰國文字組成部份之一，釋讀齊系貨幣銘文應該對戰國文字有所了解。戰國文字是一門既古老又年輕的學科。爲什麼這樣說呢？

我們說戰國文字「古老」，這是因爲發現最早的古文字材料乃是戰國文字。衆所周知，殷商甲骨文發現還不到一百年。西周金文大量發現於北宋（較可靠者），約一千多年。戰國文字的發現則可上溯到二千年以前。西漢景、武之際，魯恭王壞山東曲阜孔子舊宅，在牆壁中偶得古文《尙書》、《禮記》、《春秋》、《論語》、《孝經》等儒家典籍，世稱「壁中書」。有關「壁中書」的眞僞，聚訟兩千年。以今天古文字學的觀點分析，它應是戰國文字的首次大發現。「壁中書」是寫在竹簡上的戰國齊系文字，其字體與當時通行的隸書「今文經」不同，與秦系篆書亦不同，因此又稱「古文經」。西漢學者多不通「古文經」，長時期未能列於學官。然而也有若干學者非常重視這批考古材料。第一位研究「古文經」的學者，是孔子後裔孔安國。他「以今讎古，隸篆推蝌蚪」，可以說是研究戰國文字的開山鼻祖。東漢末年，山東高密人鄭玄用「古文經」研究《尙書》、《三禮》等，也是戰國文字專家。「古文經」雖然久已亡佚，但其傳鈔材料，諸如《說文》古文、三體石經古文等猶能得其彷彿，至今仍不失爲研究戰國文字的重要參證材料。戰國文字首先發現於山東，山東籍學者爲戰國文字的整理和研究做出了傑出的貢獻，身爲齊、魯後裔者應爲此感到驕傲和自豪。相信今天山東籍學者在研究戰國文字方面定能勝於前賢。

我們說戰國文字「年輕」，這是因爲今日能見到的戰國文字材料大多發現於近代和現代。近代著名學者王國維對戰國文字的理論建樹頗有貢獻，他曾提出兩個重要的命題：一・「戰國時秦用籀文，六國用古文」。齊系貨幣銘文基本屬於六國古文，與傳統的兩周金文、秦系文字都有較大的區別，了解這點對釋讀齊系貨幣銘文至關重要。二・「戰國以後，彝器傳世者唯有田齊二敦、一簠，及大梁、上官諸鼎，寥寥不過數器……兵器、陶器、璽印、貨幣四者正今日研究六國文字之唯一材料」。這種認識無疑擴大了戰國文字研究的範疇。舊以爲戰國貨幣乃「葛天軒轅」幣的謬說至此得以徹底澄清。五十年代末期，李學勤劃分戰國文字爲「齊國題銘」、「燕國題銘」、「三晉題銘」、「楚國題銘」

、「燕國題銘」。這種五分法比起王國維的二分法又有所進步。建國以來，尤其是七十年代以後，新出戰國文字材料遽增，直接推動了戰國文字研究的長足發展。研究者對貨幣銘文的釋讀日趨精密，一掃舊古錢家空疏臆斷的陋習。例如裘錫圭《戰國貨幣考》通過大量地名的釋讀，斷定舊以爲秦國的三孔布爲趙國貨幣，就是貨幣銘文研究中的一篇名作。嚴格意義上講，戰國文字研究的發軔不過是近十幾年的事。利用這門年輕學科取得的已有成績，重新檢驗以往貨幣文字釋讀是否正確，應是貨幣研究者的當務之急。

比較法是考釋古文字的核心，考釋戰國文字也不例外。既要注意縱向的歷史比較，也要注意橫向的地域比較。在戰國「文字異形」的特定歷史環境中，地域比較尤其顯得重要，當然「同文」內證更有雄辯的說服力。近代研究貨幣銘文的學者甚多，但我以爲成績卓著者應首推劉心源。他不但懂得一般的貨幣知識，而且精通當時的顯學—金石學。他的金文釋讀水平甚高，因此所釋貨幣文字往往十分精到。例如齊圜錢「賹」，就是由他確認的。當前戰國文字研究已提高到一個新的水平，僅僅懂得舊時的金石學，以釋讀戰國貨幣銘文恐怕難奏其效。只有嫻熟地掌握已識的戰國文字及其演變規律，采取精密的考釋方法，才能正確地釋讀戰國貨幣文字。下面試舉幾例以資說明：

一．齊刀銘[illegible]形習見，舊釋「法」字。一般認爲此字是「灋」之省體「法」的進一步省化，即「去」字。以戰國文字考察，「灋」是秦系文字，見雲夢秦簡；「法」是六國文字，見古璽。[illegible]形並非「去」字。其下所从「ㅂ」形乃裝飾部件，無實際意義。這種現象在戰國文字中習見，例如「

丙」作「□」形，「辰」作「唇」形等。王獻唐最早提出□形應釋「大」，裘錫圭進一步印證王說。這一新說已逐漸被大家所承認。

二．博山刀銘「莒□」，末字舊釋「□」。近年「中日貨幣展覽」公佈兩枚辭例相同的刀幣，銘文爲「莒□」。李學勤根據這一新材料論定□是□的變體，均應釋「冶」。博山刀銘「冶」字的發現，對研究戰國金屬貨幣的冶鑄有很重要的意義。

三．六字刀銘□形，舊釋歧異，以釋「建」和「造」影響最大。我認爲其字所从□形與三晉「甫反」布銘「反」字作□形適可互證，而「又」旁之豎筆加一短橫爲飾即成□形。□形从「辵」从「反」，無疑應釋「返」字。至於六字刀「返」字的其它異體，也都有演變規律可尋。前幾年我曾寫過一篇小文章，這裡就不詳談了。

四．即墨刀銘□形，舊釋「墨」字，諸家無異辭，但對其下所从□形（下文用△號表示）的解釋則有分歧。一種解釋認爲△是「夕」字。其實「夕」和「月」古本一字分化，而「月」字在明刀「明」字偏旁中作：

□　□　□

與△形有別。何況「即墨夕」文意也難通。另一種解釋認爲△爲「邑」之下半部「卩」。檢六字刀銘「邦」字「邑」旁的「卩」作：

□　□　□　□

即墨刀銘「節」字的偏旁「卩」作：

凡此均與△形有別。即墨刀銘「節」和△同文互證，說明△決不是「卩」字，當然也就不可能是「邑」之省簡。總之，即墨刀此字釋爲「墨夕」二字，或者隸定爲爲「䣜」一字，都與貨幣文字「夕」和「卩」的寫法不合。我認爲△應隸定「勹」，即甲骨文的𠘧，象人側面俯伏之形，于省吾釋「伏」，裘錫圭釋「俯」。金文「匍」、「匐」、「匊」、「𠣿」、「匍」等字均从「勹」，戰國文字「包」、「匌」、「𠣵」、「𩂣」等字也均从「勹」。有趣的是，長沙楚帛書「𩂣虛」即「伏羲」。其中「𩂣」字从「雹」之古文省簡，又以「勹」爲音符。「雹」（𩂣）讀「伏」，與典籍「伏羲」或作「包犧」正相吻合。去年山東長島古文字會議期間，我寫了一篇有關古璽的文章，其中一條考證燕國官璽，見《古璽彙編》：

中陽都□王𠘧　　五五六二

單佑都市王𠃌鍴　　〇三六一

東陽海澤王勹鍴　　〇三六二

第一、第二個原篆與甲骨文𠘧一脈相承，象人側面俯伏之形，無疑釋「勹」。第二、第三條辭例相同，而第三條原篆恰與上面討論即墨刀的△旁吻合。同理，即墨刀△也應釋「勹」。即墨刀所要討論的這個字應隸定爲「𪐗」，或「劚」，其所从「勹」旁實乃附加音符。墨，聲母屬明紐，韻母屬職部；ㄅ（伏），聲紐屬幫紐，韻母屬職部。明紐和幫紐均爲脣音。因此，「墨」、「ㄅ」音近。「劉」字以「ㄅ」爲音符，音理契合。這類附加音符字在戰國文字中屢見不鮮，例如：「叜」（鄰）附加「文」聲，「𨚗」（卯）附加「絲」聲等。至於上文所引的「匍」、「朋」、「匋」、「匔」、「霝」等字也都附加「ㄅ」爲音符，與「劉」的造字方法如出一轍。戰國後期，齊國一度淪爲燕國的「殖民地」。燕、齊文字多有溝通。以兩國文字比較，可知即墨刀銘中舊所隸定的「𨟻」，應更正爲「劉」。當然此字仍是「即墨」的「墨」字，只是附加了一個音符而已。

綜上所述，可見準確地釋讀齊系貨幣文字並非易事。戰國文字號稱奇譎難識，貨幣文字尤甚。釋讀貨幣文字不僅是古文字研究者的任務，也是貨幣研究者和考古研究者的共同任務。安志敏向來以考古著稱，然而他釋讀楚金版銘「郢稱」，以糾正舊釋「郢鍰」，贏得了大多數古文字研究者的承認。齊系貨幣銘文雖然不及三晉貨幣銘文那麼複雜，但是仍有許多問題尚須討論。希望有志於齊系貨幣研究者共勉。

沒有什麼準備，拉拉雜雜談了許多。斷爛朝報，不成片斷，請大家原諒。

一九八七年九月十九日於山東臨淄齊國故城

原載《山東金融研究·錢幣專刊》（二），一九八八年

返邦刀幣考（注一）

齊國是刀形貨幣的發祥地和主要流布地區。刀銘面文計有「齊返邦[辶長]夻化」、「節墨之夻化」、「安陽之夻化」、「齊之夻化」、「齊夻化」等。其中以「齊返邦[辶長]夻化」文字最多，有較高的史料價值。對這類齊刀銘文內容和鑄造時間的研究，言人人殊，至今尚無定論。本文擬就這方面有關問題提出自己一些不成熟的意見，以供研究先秦貨幣文字者參考。

返邦刀的「返」字，古錢學家舊有釋「通」、釋「徙」、釋「赾」、釋「進」、釋「途」、釋「遲」等說（注二），均不著邊際。還有李佐賢釋「建」（注三）、劉心源釋「造」（注四）兩說，在貨幣著作中頗有影響。其實無論釋「建」，抑或釋「造」，以字形而言都有不可踰越的障礙。此字異體甚多，大致可分爲七式：

A 　辭典八五七（圖一） 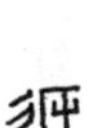　辭典八四八

B 　辭典八六七

C 　先秦二九一·五一 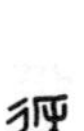　先秦二九一·三六

D 　辭典八三八　辭典八四〇

E　辭典八五二　辭典八五三

F　辭典八六三　辭典八四五

G　辭典八六〇　辭典八五一

釋「建」的根據似乎是F式。然而晚周文字「建」字作（蔡侯鎛）、（中山侯鉞）等形，與F式相距懸殊。釋「造」的根據是C、D二式。二式所从的偏旁、等形，驟視之的確與「牛」字相同。劉心源據此遂有「从窖省」之說。然而省「口」的「造」，在古文字中尙未見其例（注五）。退一步說，C、D二式勉强釋「造」，其它五式亦無法圓滿解釋。因此，將A—G諸式釋爲「建」或「造」，均不可信。

今按，《貨系》一四三〇著錄一枚「甫反半釿」橋形布（圖二），其中「反」作：

與A式所从偏旁吻合無間，這是A式釋「返」的佳證。A式从「辵」、从「反」，無疑應是「返」字正體。

B式與甫反橋形布的「反」作：

也有對應關係。其「又」旁左下方小豎或右下方小橫筆均爲贅筆，可有可無。這類「又」和「寸」形相通的現象，參見下列貨幣文字（除上引《貨系》之外，均見《先秦》）：

反 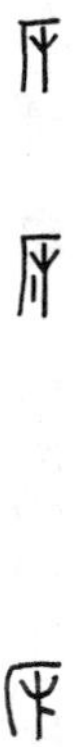　三四

專　三五—三六

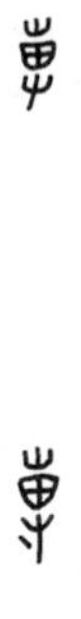

守 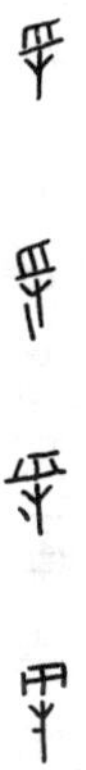　五三

郲　九七—九八

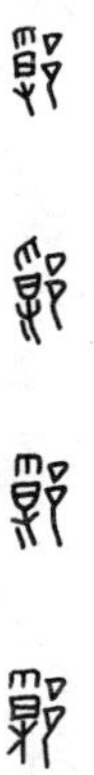

値得注意的是，B式與上揭橋形布的第三個形體若合符契。這是B式應釋「返」的確證。

A式「又」上加一圓點即成C式，圓點延伸爲一橫則成D式，遂使「又」與「牛」形難以辨認。這類古文字點劃演變的規律，在晚周文字中也屢見不鮮，茲不備述。至於《說文》古文「友」作，从二「又」；三體石經《僖公》「父」作，亦从「又」；均晚周文字「又」可作「牛」形的旁證。

E式是A式的異構。衆所周知，「又」和「手」是一字之分化，其形、音、義均有關涉。E式所从爲「手」，由「又」分化。當然也不排除E式是D式的訛變，即D式「牛」形下橫筆向上彎曲作形。

F式「又」形作形，乃是D式「牛」形的草率寫法。晚周貨幣和璽印文字中「又」或作「十」形。例如：

右　先秦一九

郲　先秦九七

布　先秦一一七

㪏　先秦一三二

戒　璽文六〇

兵　璽文六〇

興　璽文六二

龚　璽文三五四

「十」豎畫上加一贅筆，自然就是ｷ形，它與ｷ形並無本質差別。如果將「返」與「庯」兩相比較，也不難看出C式與F式的演變關係：

返　先秦二九一　　辭典八四五

庯　哀成叔鼎「鄭」旁　　曾侯乙編鐘

G式似从「生」形，則可以从返邦刀的「邦」字異構中得到啓示：

返　辭典八六〇　　辭典八五一

邦　先秦八八・五一　　先秦八八・三七

固然，「又」和「丰」在殷周文字中並不相混。然而二者在貨幣文字中的演變途徑則可謂「殊途同歸」。

總之，A式釋「返」有甫反橋形布「反」這一直接對比材料爲證，殆無疑義。而B—C諸式也可由A式出發得出合理的解釋。「返」字的確認是打開「齊返邦杏化」刀幣鑄幣時間這一疑難問題的鑰匙。

以往學者多根據誤釋的「建邦」或「造邦」與齊國牽合，而將此類齊刀定爲春秋時期齊國所鑄造。例如：鄭家相認爲「造邦」應指齊桓公稱霸（注六）。王毓詮認爲「造邦」是開邦建國的意思，其鑄造時間爲「齊國造邦之日，不能晚至齊桓公」（注七）。我們認爲，以文字的書寫風格和字體結構綜合分析，不能把此類刀幣的時間提早到春秋中葉以前。例如：刀銘「長」作「⿰立長」，是典型的戰國文字，亦見𠫑羌鐘、中山王鼎、行氣玉銘、長安庫戈、《璽彙》○三○一等。在春秋中期文字中則未見「⿰立長」字。「⿰立長」所从「立」作[illegible]形，亦見田齊古璽「陳[illegible]立事歲安邑亳釜」（《璽彙》○二八九）、田齊陶文「王孫陳棱立事歲右里毀亳區」（《舂錄》一○·二）等，有明顯的時代色彩。另外，此類刀銘背文或有「上」字（《辭典》八六一），這也是春秋戰國之際才出現的形體。因爲姜齊後期的「上」字尚保存殷周古體作「二」形，見洹子孟姜壺銘「于上天子用璧備一嗣」。因此返邦刀銘不但不是春秋齊桓公以前的文字，也不是春秋姜齊文字，而只能是戰國田齊文字。日本學者奧平昌洪認爲返邦刀鑄造於田氏篡齊之後（注八）。鄭家相後來放棄前說，定此類刀爲「田太公建國時期初鑄」（注九）。彭信威也傾向此說（注十）。凡此與返邦刀的眞實鑄造時間已經比較接近，但仍失之過早。返邦刀鑄造的絕對年代，可以從其銘文「返邦」中找到答案。《說文》：「返，還也。」典籍多以「反」爲「返」。《公羊傳·隱公元年》「公將平國而返是桓」，注：「反還之。」典籍「邦」

與「國」每可通用。《說文》：「邦，國也。」「國，邦也。」《周禮・天官・大宰》「以佐王治邦國」，注：「大曰邦，小曰國。」按，「邦」與「國」對文則異，散文則通。刀銘「返邦」即典籍之「反國」。《莊子・讓王》：

楚昭王失國，屠羊說走而從昭王。昭王反國，將賞從者，及屠羊說。屠羊說曰：「大王失國，說失屠羊；大王反國，說亦反屠羊。臣之爵祿已復矣，又何賞之有！」

值得注意的是，「反國」與「失國」爲反義詞組，「反」與「復」爲同義詞。然則《莊子》所謂「反國」應指楚昭王收復失地，重返故國而言。

「䟡」即「長」，上文所引驫羌鐘等銘文辭例昭然，毋庸置疑。鄭家相謂「田齊建國之君所自稱也」是對的（注十一）。「長」典籍中可指國君。《國語・晉語》「夫長國者」，注：「長猶君也。」《呂氏春秋・勿躬》「雖不知可以爲長」，注：「長，君也。」《周禮・天官・大宰》「二曰長，以貴得民」，注：「長，諸侯也。」均其佐證。

參照戰國典籍《莊子》中「反國」這一辭例的具體內涵，使人們很自然地聯想到刀銘的「返邦䟡（長）」這一「復國之君」應是「破燕君，復齊國」的齊襄王。據《史記・田敬仲完世家》記載：「燕將樂毅遂入臨淄，盡取齊之寶藏器。湣王之衛……，遂走莒……淖齒遂殺湣王……襄王在莒五年，田單以即墨攻破燕軍，迎襄王于莒，入臨淄。」戰國田齊之返邦刀銘文「返邦」應與《史記》「入臨淄」有關。又檢《戰國策・齊策》六：「安平君以惴惴之即墨，三里之城，五里之郭，敝卒七千，擒其司馬，而反千里之齊，安平君之功也。」田單（安平君）「反齊」與刀銘「返邦」亦可互證。臣盡其力，君獲其名。故「返邦𧸘」自應是齊襄王。

總之，「齊返邦𧸘夻化」乃田齊襄王復國所造貨幣。

一般說來，明刀多是燕國的貨幣。但是齊國舊地也曾發現背文鑄有「齊化」的明刀。鄭家相認爲這類明刀乃「齊地被燕人所據者五年之久，此刀當在此期所鑄（注十二）」，是非常正確的。上文已經論述的返邦刀也恰好與這五年前後發生的歷史事件相關。因此，如果說齊明刀銘文是齊國「失國」的記錄；那麼，齊返邦刀銘文則是齊國「反國」的記錄。這在中國古代貨幣史上的確是一樁饒有興味的揷曲。

依此類推，所謂「簞邦刀」的鑄造時間也可迎刃而解。所謂「簞邦」，舊以爲是齊桓公二年滅譚以前鑄造。其實「簞」之隸定有誤，與譚國無關。裘錫圭改釋爲筥（簹），讀「莒」（注十三），甚確。普通地名稱「邦」者，在古文字材料中尙未見。「莒」可稱「邦」，說明其地位相當於「國」。這與齊襄王「在莒五年」適可互證。因此，莒邦刀與返邦刀同屬齊國襄王時貨幣。

猶有進者，即墨刀也應是齊襄王時所鑄造的貨幣（注十四）。《史記·田單列傳》載：「燕既盡降齊城，惟獨莒、即墨不下。」又《樂毅列傳》載：「樂毅留徇齊五歲，下齊七十餘城，皆爲郡縣以屬燕，唯獨莒、即墨未服。」由此可見，莒和即墨是當時尙被齊國控制的彈丸之地。前者爲襄王駐蹕陪都，後者爲田單復國的軍事根據地，顯然都有督造貨幣的條件和可能。至於即墨刀背文或有「安邦門」、「闢封」等辭語，以往學者或以爲是泛泛的「吉利語」，現在明確了即墨刀的鑄造時間，所謂「安邦」、「闢邦」的復國信心與「返邦」的凱旋歸來之間的內在聯繫也就不言而喻了。

田齊返邦刀銘文「返」字的釋讀，爲確定該類刀幣屬齊襄王時所鑄這一結論提供了文字依據。莒邦刀、即墨刀與典籍記載齊襄王復國前後所涉及的地名均可相互印證，似乎並非偶然的巧合。過去也有些學者已注意到「返邦」、「闢封」、「安邦」三者間密切關係。我們認爲只有確定其中返邦刀鑄造的絕對時間之後，才有理由將其與莒邦刀、即墨刀連貫爲同時期的鑄幣。我們雖然尙不斷能定返邦刀與莒邦刀、即墨刀同是「在莒五年」期間，或其後若干年所鑄。但是至少可以肯定三者均鑄造於齊襄王在位期間（公元前二八三—二六五年）。正因爲返邦刀、莒邦刀、即墨刀是齊襄王短暫的十八年間所鑄造，所以其數量遠不如齊大化刀出土得那麼繁多，也就容易理解了。

注釋

一．本文爲第五屆西安古文字年會論文（一九八四年）。在會議期間，李學勤先生指出前人已有釋「返」之說。嗣後承裘錫圭先生函告釋「返」出處。檢《臨淄縣志》（民國九年石印本）卷四「金石志」上七六—七七葉「齊返邦就法貨」刀下云：「《古泉彙》釋爲建邦者，蓋以𠦍字多一橫，乃不知从又从寸之字古多通用，蒲反布反作□，則又从寸。」按，《縣志》釋「返」，頗具卓識，但分析字形甚略，且出處偏僻，不爲學者所重。今補舊稿所漏引，以證其說。並向李、裘二先生致以謝意。

二．引丁福保《辭典》下五一—五二頁。

三．李佐賢《古泉彙》。

四．劉心源《奇觚室吉金文述》。

五．陶文□，《舂錄》二·三釋「逆」。跳山造冢石刻□，《隸篇》二·二三釋「造」，乃漢代文字，且與齊刀「返」字所从有別。

六．鄭家相《上古貨幣的推究》四號三四頁。

七．王毓詮《起源》五九頁。

八．奧平昌洪《東亞》卷四第二頁。

九．鄭家相《發展》一五〇頁。

十．彭信威《中國貨幣史》三四頁，上海群聯出版社，一九五四年。

十一．同注九，一五一頁。

十二．同注九，一六五頁。

十三・裘錫圭《戰國貨幣考（十二篇）》，《北京大學學報》一九七八年二期。

編後記：

原載《中國錢幣》一九八六年二期，轉載山東省錢幣學會《齊刀和齊國錢幣研究》論文集，一九八九年。

《貨系》一四三〇（圖二）著錄甫反橋形布幣，是修訂時所補入的新材料。

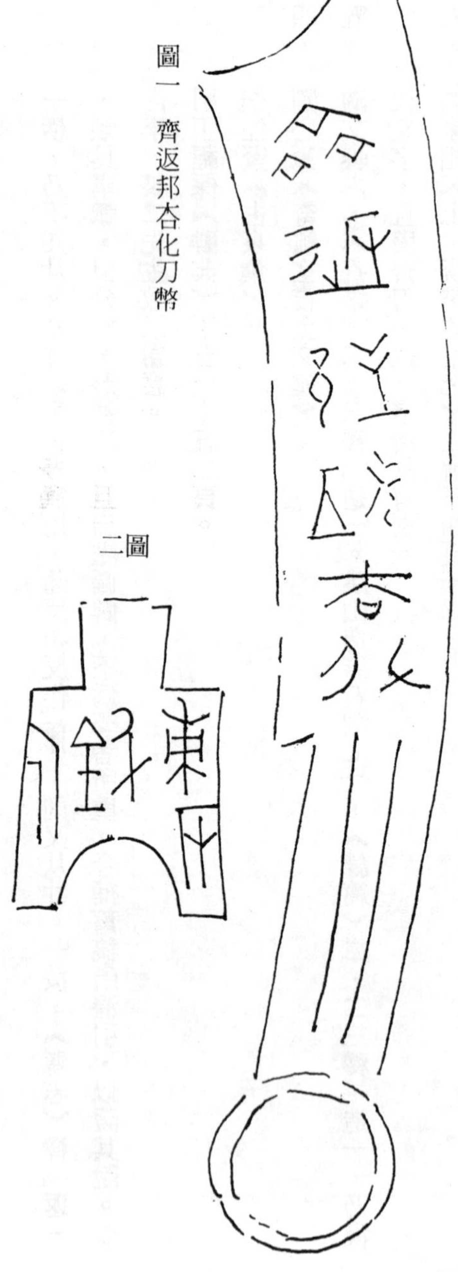

圖一　齊返邦杏化刀幣

圖二

釋賹

戰國齊方孔圜錢銘文有所謂「賹化」者，計三種類型：

化　貨系四〇九六（圖一）

四化　貨系四〇九八（圖二）

六化　貨系四一一二（圖三）

首字曾長期被誤釋爲「寶」或「燕」，或「朋貝」合文（注一），毫無道理可言。一直到劉心源、秦寶瓚、孫詒讓等學者著作中（注二），才正確地釋爲「賹」。下面從字形簡要補述：

A　曶鼎　　作冊嗌卣

B　貨系二一八　　貨系四七〇

侯馬三四二　　璽彙二二九四

天星觀簡　　包山一七五

C　說文籀文　　三體石經殘石

以上A式爲西周金文，能否釋「嗌」，尚值得研究。C式爲傳鈔古文「嗌」，據C式可知B式戰國文字均應釋「嗌」。分析B、C二式結構，疑从「口」、从「冉」會意，可隸定作「𠕁」。《說文》：「嗌，咽也。从口、益聲。」則是「𠕁」的形聲字。有的著作將「𠕁（嗌）」直接隸定「益」，或以為「𠕁」與「益」形體有關，均有悖「益」之構形。檢西周、戰國文字「益」均从「血」、从「八」（《金文編》○七九三）；小篆則从「皿」、从「水」。「𠕁」與「益」形體迥然不同，唯音近而已，不宜混為一談。

从「嗌」之初文「𠕁」得聲字，除「膉」（天星觀簡）、「𥫗縊」（《璽彙》○二四三）之外，最習見者為「賹」：

[glyph] 貨系四○九六　[glyph] 長沙銅量

[glyph] 璽彙一○六八　[glyph] 陶彙三·五四八

[glyph] 包山一一○　[glyph] 包山一一八

嚴格說此字應隸定「䞩」，一般都隸定「賹」是為與字書對應，亦無可厚非。下文即採取通常寬式隸定—「賹」。至於「賹」所从「貝」或省中間一橫（見圖一、二），或省作「目」形（見《陶彙》三·一二六、《東亞》六·二八），在戰國文字中司空見慣（注三），茲不贅述。

「賹」字隸定，現在已有定論，然而其在圜錢中的確切含義則有不同的解釋。通常有兩種說法：

一、地名說。劉心源云：「陳壽卿疑景王錢不得獨聚東海。在濰時得四化、六化範，知此泉齊所鑄。又於宅前土埂掘得古陶器一，窖底蓋皆止一字作賹。始信賹為齊之地名矣。」丁福保云：「賹為益之後起字。益爲漢武帝元朔二年所封菑川懿王子劉胡之侯國，故屬北海郡故城，在今山東壽光縣西。益都在壽光北十五里，蓋今之益都，在漢爲益國也（即益縣），見《漢書·地理志》北海郡益注。」

二、金屬單位說。秦寶瓚云：「賹，《集韻》音隘。注云：寄人物也。予意當轉釋爲鎰。从金而此貝者，以上古通用之貨皆貝，故賞、賜、賚、贈、貨、賄、財、賦等字無不从貝。此爲記數之字，固宜从貝也。且古鎰字原有不从金者。，《漢書》黃金以溢爲名，又高祖賜張良金百溢，皆从水旁，可見从金本不古：：鎰者，二十兩也。」

以上讀「賹」爲「益」或「鎰」皆以通假字解釋，並不圓滿。其實「賹」字無庸破讀，自可用其本義解釋圜錢銘文。

上文徵引秦寶瓚說，引《集韻》對「賹」字的解釋似轉販《康熙字典》：

賹，《廣韻》、《集韻》並烏懈切，音隘。賹，寄人物也。

檢澤存堂《宋本廣韻》去聲十五卦二十三頁：

賹，記人物。

復檢述古堂影宋鈔本《集韻》去聲十五卦三十三頁：

賹，記物也。

至於《類篇》貝部二二九頁則與述古堂宋鈔本《集韻》內容相同。綜合以上材料不難判定：

一、《康熙字典》「寄人物也」，乃《廣韻》「記人物也」之訛。「寄」與「記」音近易誤。

二、《集韻》、《類篇》「記物也」，乃《廣韻》「記人物也」之省略。

關鍵的問題是所謂「賹，記人物也」這條訓詁材料在傳世文獻中似乎無法證明。幸喜在地下出土文字材料中保存了這一用法（詳下文）。筆者認爲《廣韻》原文斷句應是：

賹，記人、物也。

換言之，「賹」之本義應包括「記人」和「記物」兩個內涵。

關於「記人」，參見近年湖南長沙所出銅量銘文（注四），茲採取寬式隸定如次（圖四）：

燕(?)客臧嘉問王於蒧（郊）郢之歲

亨月己酉之日，羅莫囂（敖）臧旡，連囂（敖）

屈上以命工尹穆丙，工佐競之，集

尹陳夏、少集尹龔賜、少工佐孝癸，鑄二

十金龍（筩）以賹，秋七月。

其中「鑄二十金筩以賹」之「以」相當於「因」（注六）。銘文大意是：「鑄造二十個銅量，因之記錄人名。」其所記錄人名包括銅量銘文羅莫敖臧旡、連敖屈上命令的工尹穆丙以下諸官員。「賹」有「記人」之義，在長沙銅量銘文中得到確證。

關於「記物」，除《集韻》、《類篇》記載之外，則可在上揭齊圜錢銘文中得到驗證。爲了釋讀齊圜錢「賹𠛅」，有必要探討「𠛅」的含義。

「𠛅」在齊刀幣銘文中觸目皆是，舊釋「化」讀「貨」，肯定不對。近或改釋「𠛅」讀「刀」，則頗有點畫根據（注七）。不過對讀「𠛅」爲「刀」，學者或將信將疑。筆者近來懷疑「𠛅」爲「乇刀」合文。典籍中「乇」與「度」每多通假（注八），「乇刀」可讀「度刀」，即合乎「法度」的刀幣。所謂「法度」似指長度而言。齊大型刀幣總長度一般約一八厘米（上下極限在一七・八—一八・九厘米之間）（注九）。《說文》：「咫，中婦人手長八寸謂之咫。从尺，只聲。」據漢制一尺相當於二三・一厘米推算，一咫（八寸）相當一八・四厘米，恰與齊大型刀幣的長度—十八厘米左右吻合。古人質樸，用手長適中的婦人指掌與刀幣度長絜大，極爲簡捷方便。這大概就是「𠛅」應讀爲「度刀」的眞諦所在。「𠛅」亦見齊小型刀幣，則成爲刀幣的泛稱。例如《貨系》三七九九面文銘「齊𠛅」，背文銘「厶（四。注十）刀」，說明「𠛅」與「刀」含義不同。銘文蓋指「一枚齊國法定刀幣相當於四刀之重」。「刀」爲戰國銘文中的重量單位，中山王圓壺銘「冢（重）三石卅九刀之冢（重）」、石坙刀鼎銘「石坙刀」，可資佐證。齊圜錢銘文的「賹𠛅」、「賹四𠛅」、「賹六𠛅」，近有文章從理化方面分析研究，計算其重量比值爲一：四：六（注十一）。其中「𠛅」似乎也爲刀幣的泛稱。總之，「𠛅」原指有固定長度的齊國大型刀幣，後來齊國小型刀幣、齊國圜錢也沿用這一名稱，成爲刀幣的代名詞。「刀」則僅爲重量單位，與「𠛅」不同。

最後回到「賹」之字義。據上文「賹」訓「記物」，可知圜錢銘文「賹𠛅」即「記載一枚法定刀幣」，「賹四朩」即「記載四枚法定刀幣」，「賹六朩」即「記載六枚法定刀幣」。凡此「記物」、「記載」無疑都是指圜錢與刀幣的兑換關係。換言之，「賹朩」、「賹四朩」、「賹六朩」分別表示這些圜錢相當一枚、四枚、六枚刀幣而已。眾所周知，圜錢輕於刀幣，圜錢銘有「朩」，應是戰國晚期齊幣減重的反映。

戰國銘文「賹」既可記錄人名，也可記錄錢物，這與《廣韻》的「賹，記人、物也」適可互證。諸如此類的罕見訓詁材料，唯藉古文字材料得以復活，否則實令人莫名其妙。

注釋

一．引丁福保《辭典》四七〇—四七七頁。
二．劉心源《奇觚》、秦寶瓚《遺篋錄》、孫詒讓《周大泉寶貨考》，引辭典四七五—四七七頁。
三．何琳儀《戰國文字通論》二〇八—二〇九頁，中華書局，一九八九年。
四．周世榮《楚邦客銅量銘文補釋》，《江漢考古》一九八七年二期。
五．何琳儀《長沙銅量銘文補釋》，《江漢考古》一九八八年四期。
六．裴學海《古書虛字集釋》一三頁，中華書局，一九〇八年。

七．吳振武《戰國貨幣中的刀》，《古文字研究》第十輯，一九八三年。

八．高亨《古字通假會典》八九五—八九六頁，齊魯書社，一九八九年。

九．朱活《三談齊幣》，《新探》一二二頁。

十．何琳儀《釋四》，原載《文物春秋》一九九三年四期。已收入本書。

十一．趙匡華、陳榮、孫成甫《賹四化與賹六化的理化研究》．《中國錢幣》一九九三年二期。

《河北金融》待刊

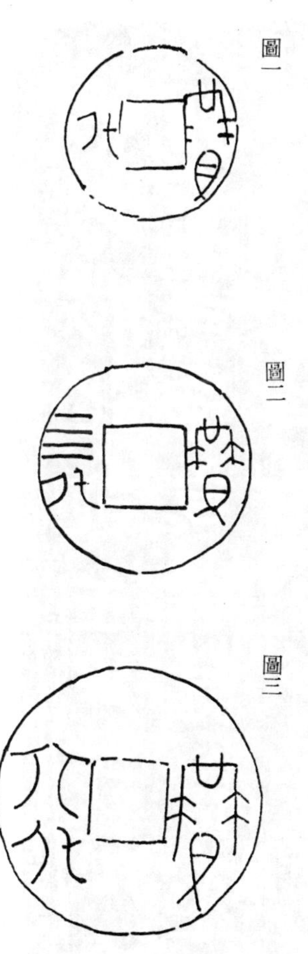

圖一

圖二

圖三

圖四．長沙所出銅量銘文江漢考古一九八七．二

釋四

燕國明刀背文相當複雜，因缺少文意制約，其釋讀頗難確定。即便比較簡單的數目字也有亟待解決者。本文試舉一例。

《貨系》（下文所引貨幣文字右側編號均見此書）有一習見數目字，編者引陳鐵卿說釋「百」（注一）。其形體大致可分四類：

A ▽ 三五六七（圖一）

B △ 三五五八（圖二）

C ▢ 三五五九（圖三）

D ○ 三一二一（圖四）

檢戰國文字「百」除通常寫法外，或寫作全形。這已由中山王墓所出銅器銘文中得到確證。全是公認的「百」字異體。近年貨幣銘文中這類「百」（下文用△號表示）也被陸續釋讀出來，例如：

梁正幣△當鋝　一三五〇（注二）

梁半幣二△當鋝　一三七〇

盧氏△涅　一三一五（注三）

冄△涅　一三三〇

△陽　一三〇一（注四）

△邑　七一一（注五）

一△　二六五二（注六）

右△　三七四〇（圖五）

值得注意的是，「右△」見燕明刀，這證明燕文字已有「百」（又見燕侯載簋）。上揭燕明刀銘文中數目字的四種類型與△並無形體演變關係，因此釋▽、△、▢、○爲「百」頗值得懷疑。

筆者認爲燕明刀數目字的四式均應釋「厶」讀「四」，下面從形體、音讀、異文等方面予以證明。

一、戰國文字「厶」與「私」習見：

齊系　▽　陶彙三·四一七「高閭厶（私）」

燕系　▽　璽彙四一三〇「厶（私）句（鉤）」（注七）

晉系　▽　卅六年私官鼎「厶（私）官」

▢　璽彙四五八九「厶（私）璽」

○　中私官鼎「厶（私）官」

中山一二二「厶（私）庫」

楚系　包山一二八「王厶（私）司敗」

秦系　卲宮盉「厶（私）工」

璽彙四六二三「厶（私）璽」

這些形體與上揭燕明刀背文四式相較，多可找到對應關係，無疑應是一字。

二、從上古音分析。「厶」屬心紐脂部，「四」屬心紐質部；二字聲紐相同，韻部也恰是陰聲和入聲的關係。二者讀音顯然十分接近。

三、曾侯乙墓出土石磬木匣漆書（注八）數目字「一二三四五七九」（圖六）、「卅四」（圖七）、「十四」（圖八），其中的「四」字均作〇形，與上揭燕明刀D式吻合無間。這是「厶」可讀「四」的佳證。

以上三條證據說明「厶」與「四」可能是一字分化。細心的讀者也許會提出疑問：既然燕幣以「厶」爲「四」，那麼燕幣中標準的「四」字又如何解釋？

衆所周知，商周文字「四」均作亖形，並一直延續使用至戰國，見燕圜錢「賹四刀」、趙尖足布背文「十四」等。春秋晚期才出現與小篆形體相同或略有變化的「四」，例如：

A　郐王子鐘

B　楚帛書

C　貨系四一八九

D　邵鐘

E　大梁鼎

以上C式是由A、B式兩撇延長的結果。D、E式分別在「四」內增「一」或「二」，乃裝飾筆劃，並無深意（注九）。燕幣文字除保存古寫亖之外，若干變體均由戰國文字「四」形演化：

三四九九　　三〇七七

三〇七九　　三五五三

如果省簡其兩撇即成形。換言之，戰國文字「四」是在「厶」的基礎上增加兩撇筆演變而來。這既有形的變化，也有音的分化（參上文）。類似的分化現象參見「向」—「尙」、「豕」—「豙」、「丂」—「兮」、「平」—「釆」等形音關係。

關於「四」的本義，《說文》：「四，陰數也，象四分之形。」實不足爲訓。近代學者或推測「四」爲「呬」之本字，亦有未安。因爲「四」的外圍並非「口」字，當然「兼口舌气象之也」（注十）也就失去依據。從形體分析，與其說「四」爲「呬」之本字，不如說「四」爲「厶」之分化字。

無獨有偶，數目字「六」也是「入」的分化字，即在「入」下加兩撇筆成爲「六」。不過這一分化發生在甲骨文，比「厶」與「四」的分化時間要早得多。饒有趣味的是，燕刀幣銘文「入」與「六」均爲數目字：

左入（六）　三四二五

左六　三四二六

這一現象與上面論及的「厶」與「四」有平行對應關係。廣義而言，二者均屬假借；狹義而言，二者實屬分化。因此，燕刀幣銘文以「厶」爲「四」，且同在刀幣銘文中出現，也就不足爲奇了。

最後用燕刀幣銘文辭例驗證以上結論是否正確，茲選有代表性者十二例：

左厶	三三二三	右厶	三五五六
右一厶	三五六四	右三厶	三五六六
右四厶	三七三一	右五厶	三五六七
右六厶	三五六九	右七厶	三五七三
右八厶	三五七五	右廿厶	三五七七
右千厶	三五八〇	右万厶	三七三三

以上「四」字均處個位數，讀「四」十分通順。後二例讀「右一千零四」、「右一萬零四」。至於「右四厶」即「右四四」，應讀「右四十四」。十位數「四」採用標準字形，個位數則以「厶」爲「四」，這大概是書寫者爲求其變化，將「四」故意寫成兩種形體，相當後代書法藝術中的所謂「避複」。

就現有材料分析，以「厶」爲「四」在燕國明刀中最爲習見，齊國刀幣一見（《貨系》三七九九「齊厇厶刀」），晉系布幣偶見（尖足布「甘丹」背文、小直刀「白刀」背文），楚系漆書二見（見上文所引）。由此可見，以「厶」爲「四」的現象，在戰國文字中較爲普遍。

順便簡說數目字。古文字「一」、「二」、「三」、「亖（四）」是積畫而成的原始指事字。「弌」（《陶彙》三．六五八）「弍」（襄安君鈚）、「弎」（《陶彙》五．四〇七）分別是「一」、「二」、「三」的繁文。「四」由「厶」分化，「五」即「互」字，「六」由「入」分化，「七」即「切」字，「八」爲「分」之初文，「九」由「又」分化，將「一」豎立即「十」。「壹」至「拾」分別是「一」至「十」的假借。「百」由「白」分化，「千」由「人」分化，「萬」爲「蠆」之初文，「億」同「意」由「音」分化，「兆」與「涉」同源。以上是數目字的大致情況，詳見另文。

綜上所述，燕明刀背文 ▽、○ 等形不應釋「百」（背文「百」作全形），而應釋「厶」讀「四」。「四」是「厶」的分化字，這一分化發生在春秋戰國之際，「四」形一直使用到今天。

注釋

一．唐石父《陳鐵卿先生之古泉解》，《中國錢幣》一九八三年三期。

二．李家浩《戰國貨幣文字中的幣和比》，《中國語文》一九八〇年五期。

三．何琳儀《戰國文字通論》一〇九頁，中華書局，一九八九年。

四．何琳儀《尖足貨幣考》，《陝西金融．錢幣專輯》（一六），一九九一年。已收入本書。

五．何琳儀《百邑布幣考》，《史學集刊》一九九二年一期。已收入本書。

六．何琳儀《古幣文編校釋》，《文物研究》六輯，一九九〇年。已收入本書。

七．《璽彙》四五八四－四五八八「曲尔」疑讀「鉤璽」，與「厶（私）句（鉤）」有關。

八．陳振裕《湖北出土戰國秦漢漆器文字初探》，《古文字研究》十七輯一八五頁，一九八九年；黃錫全《湖北出土商周文字輯證》圖版壹肆貳、壹肆參，武漢大學出版社，一九九二年。

九．同注三，二三二頁。

十．丁山《數名古誼》，引自《金文詁林》一五冊七八四一－七八四二頁，拙文《楚官肆師》（載《江漢考古》一九九一年四期）曾誤引丁說，應刪。

原載《文物春秋》一九九三年四期

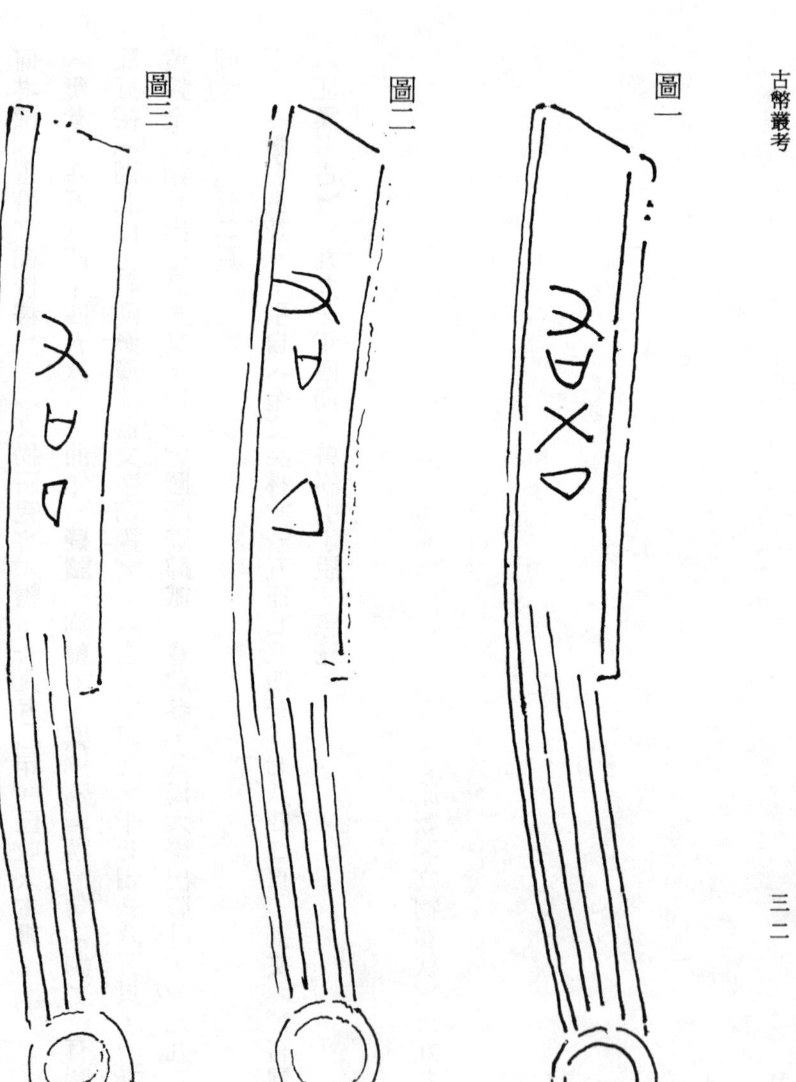

圖一

圖二

圖三

圖四

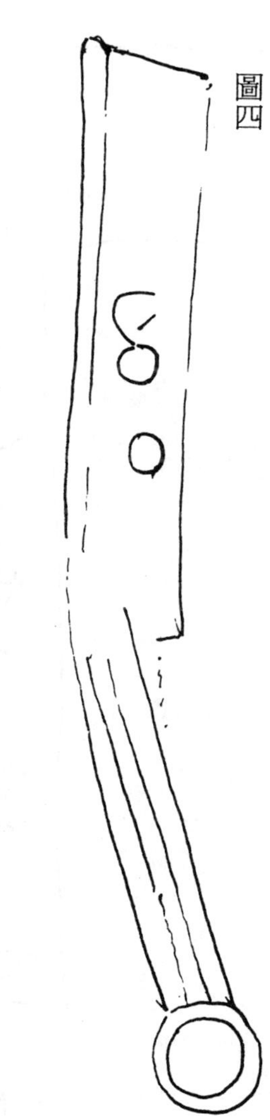

圖五

圖六

圖七

一二三〇×十九

圖八

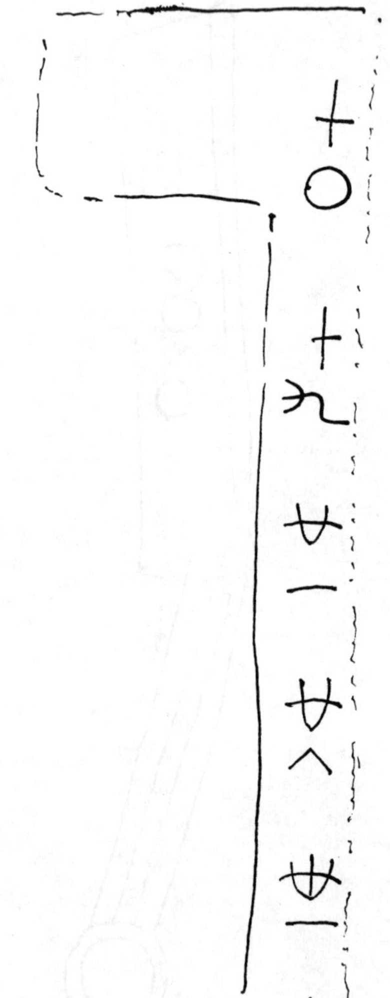

十〇十九廿一廿八卅一卅三

燕國布幣考

刀幣是燕國的主要貨幣品類，面文僅有一字——「明」，其數量則異常浩繁。燕國還流通方孔圜錢和方足布，其數量雖遠不及刀幣，而銘文內容則比較豐富。本文不擬全面系統地研究燕國貨幣，僅就燕國布幣銘文的若干問題予以探討。

就目前所知，燕國布幣銘文計有七種。下面按《貨系》順序逐一討論（下文編碼前凡無書名者，均爲《貨系》），並順便介紹新發現的「宜平」布。《貨系》二四頁涉及的「新城」布，眞僞待考，暫不討論。

安陽 二二九〇

「安昜」（圖一），舊釋「陶陽」，殊不可據，近多釋「安陽」（注一）。「安」字可與下列燕國「安」及从「安」之字相互比較：

安　　璽彙〇〇一二

安　　璽彙一二二六

襄安君鈚

娭 河北一四四

其中「女」旁左豎均向右作弧狀，這是燕文字的地域特點。趙國方足布（圖二）和三孔布（圖三）也均有「安陽」，其中「安」字與燕國方足布「安」形體迥異，而與下列晉系布幣文字接近：

文編七五「安臧」　文編七五「安周」

文編七三「安邑」　文編七六「武安」

有的著作將趙「安陽」方足布列入燕幣（注二），似乎沒有考慮燕、趙文字的差異。

趙國有東、西兩安陽，據《漢書．地理志》，東安陽隸代郡、西安陽隸五原郡。一般認爲東安陽爲三孔布鑄地，西安陽爲方足布鑄地，《水經注》安陽爲燕方足布鑄地（注三）。前兩說似無疑義，燕布「安陽」在何處？則值得研究。

檢《水經．㶟水注》有「安陽亭」、「安陽壙」、「安陽關」等「安陽」，王先謙據「官本」均改作「陽安」（注四），有的版本則仍作「安陽」（注五）。判斷版本的是非優劣，不能僅據地上文獻，也應參照地下文獻。近年發現兩件與「陽安」有關的戰國銘刻材料：

一．遼寧省建平縣出土陶文「陽安都勹鍴」（《中國錢幣》一九八五年一期九頁）。

二、吉林省吉安縣出土鈹銘「七年，相邦陽安君，邦右庫工師吏筡胡，冶吏痀調劑。」（《考古》一九八二年六期六六頁）

陶文據同類古璽材料可定爲燕國文字（注六），鈹銘據同類兵銘款式可定爲趙國文字（注七）。二器中的「陽安」，除《水經注》之外，似不能以其它地望比附。因此，王先謙所據版本不容忽視。戰國時期的「陽安」，據陶文應屬燕，據鈹銘則應屬趙，這是因爲其地處燕、趙交壤的緣故。「陽安」與「安陽」顯然無關。燕布「安陽」是否可讀「陽安」？檢燕布尙無「傳形」之例證，所以這種可能只得排除。

按，燕方足布「安陽」與趙三孔布「安陽」疑爲一地，即代郡所轄東安陽。顧觀光云「東安陽，《漢志》屬代郡。《水經·㶟水注》引《地理風俗記》曰：五原有西安陽，故此加東也。《史記》惠文王三年，封長子章爲代安陽郡。《正義》引《括地志》云：東安陽故城在朔州定襄縣界（在今宣化府蔚州東北一百里）。」（注八）東安陽戰國屬代郡，一般說來應屬趙國，但也可能一度屬燕國。檢《戰國策·燕策》一：「燕東有朝鮮、遼東，北有林胡、樓煩，西有雲中、九原，南有呼沱、易水。」鮑彪注：「西有上谷、代郡、雁門。」或以爲上引《燕策》爲蘇秦「夸詞非實也」（注九）。又檢《漢書·地理志》：「燕地，尾箕分野也。……東有漁陽、右北平、遼西、遼東，西有上谷、代郡、雁門。」雖然不能否認文獻和古文字材料中「代」屬趙的記載，但是上引《燕策》、《地理志》所載也不容抹煞。唯一恰當的解釋是：代郡、雁門一度屬趙，也一度屬燕。代郡與上谷接壤，與趙都邯鄲又間隔中山國，一度被燕所控制是完全可能的。戰國時期，各國邊邑屢易其主，不但史書記載不絕如縷，而且在貨幣文字中也有所反映。例如：趙方足布「平陰」與燕方足布「坪（平）陰」，韓方足布

「⿱山廾（長）子」與趙方足布「長子」，韓方足布「⿰襄攵（襄）垣」與趙尖足布「襄洹（垣）」，韓方足布「涅」與趙尖足布「日（涅）」，均爲一地在不同國家文字中的異寫。因此將燕方足布「安易」與趙三孔布「安陽」視爲一地，並不足爲奇。

總之，東安陽在今河北陽原東南，戰國一度屬趙，也一度屬燕，是趙「安陽」三孔布和燕「安陽」方足布的共同鑄造地。

襄平　二三一七

「纕坪」（圖四）。「纕」亦見燕璽（《璽文》一三·二）。《說文》：「纕，援臂也。从系、襄聲。」燕器「纕」多讀「襄」，如襄安君鈚（《三代》一八·一五·一）器主「纕安君」即《戰國策·趙策》四「襄安君」，可資參證。以此類推，燕布「纕坪」可讀「襄平」。

襄平，見《史記·匈奴列傳》：「燕亦築長城，自造陽至襄平。」《漢書·地理志》隸遼東郡，在今遼寧遼陽。

平陰　二三二九

「坪陰」（圖五）。二字原篆均从「土」，與燕官璽「坪陰都司徒」（《璽彙》〇〇一三）吻合無間，呈典型燕文字風格。「坪陰」均讀「平陰」。

平陰，見《史記．趙世家》幽繆王「五年，代地大動，自樂徐以西，北至平陰，臺屋牆垣大半壞，地坼東西百三十步」，正義：「樂徐在晉州，平陰在汾也。」胡三省云：「余謂上書代地震，則樂徐、平陰皆代地也，烏得在晉、汾二州界？《水經注》徐水出代郡廣昌縣東南大嶺下，東北流逕郎山入北平郡界。意樂徐之地當在徐水左右。又代郡平邑縣，王莽曰平湖。《十三州志》平湖城在高柳南百八十里。《水經注》曰：代郡道人縣城北有潭，淵而不注，俗謂之平湖。平陰之地蓋在此湖之陰也。」（注十）其地在今山西陽高東南（注十一）。趙方足布「平陰」（一七九九。圖六），與《趙世家》「平陰」適可互證。貨幣材料說明胡氏的推斷頗有根據。或以《左．昭二十三年》「晉師在平陰」（今河南孟津）當之，則「平陰」布屬西周國貨幣，恐非是。

根據上文分析，文獻中代郡屬趙，又一度屬燕。「安陽」三孔布屬趙，「安陽」方足布屬燕。這與「平陰」方足布屬趙，「坪陰」方足布屬燕，屬同一現象。「平陰」二字是否从「土」，正體現了趙、燕兩國不同的文字風格。

總之，山西陽高之平陰，可能是趙「平陰」布和燕「坪陰」布的共同鑄造地。

廣昌　二三三四

「怳昌」（圖七）。「怳」，原篆大致可分三類：

A　二三三四　二三三七

B　二三三八　二三三九

C　東亞四・一三　東亞三・一三

以往對此字的解釋，《辭典》下二三頁計收釋「恭」、「益」、「燕」、「谷」、「偶」等說。

首先分析「恭」字說。此字下方確从「心」，但上方並不从「共」（參叔夷鎛、《璽彙》〇七四九、一八八〇、《貨系》一四三八、畬肯鼎、楚帛書等）。戰國文字「恭」作：

楚帛書　璽彙五三八九

與燕布所謂「恭」字相較，了不相涉。另外，地名「恭昌」不見文獻記載，也是此說不能成立的重要障礙。

其次分析「益」字說。或將《說文》「嗌」之籀文（亦見齊圜錢「賹」旁）與此字上部比較：

籀文　二三三八

然而，「嗌」所从毛狀物省略，就不成爲「嗌」，古文字中亦無此同類例證。所以這種似是而非的比附，也難以令人置信。儘管燕國境內確有地名「益昌」，然而從字形分析，釋「益」說仍不能成立。

其它三說，無論從字形、抑或從地望分析，都一無可取，可以不論。

按，此字上从「兄」，其下兩筆一長一短，方向不拘。A式參見伯公父匿「兄」字作：

對稱A式其下兩筆即成B式，收縮B式兩筆即成C式，。C式參見下列戰國文字「兄」：

璽彙二四〇〇　侯馬三〇四

貨系一〇

總之，此字从「心」从「兄」，應隸定「怳」。《說文》：「怳，狂之皃。从心，兄聲。」

「兄」與「黃」音近可通，古文字和古文獻均有佐證。王孫鐘「兄」作「⿰生兄」，疊加「㞷」聲；叔加父匿「⿰目生」作「⿰黃生」，疊加「黃」聲。「怱怳」或作「怱恍」（注十二），許瀚謂「⿰𧾷兄」字「加光則爲諧聲」，而《說文》「黃」許慎謂「光亦聲」。又帛書《老子》乙本卷前古佚書《十六經·立命》「吾愛地而不兄」，釋文「兄」讀「曠」。故「怳」可讀「廣」。

「怳昌」應讀廣昌，見《史記，樊酈滕灌列傳》：「破得綦毋卬、尹潘軍於無終、廣昌。」《漢書·地理志》隸代郡，在今河北淶源。漢初廣昌在燕、趙交壤，所謂「常山之北」。《戰國策·趙策》二「燕守常山之北」，程恩澤引胡三省云：「燕之西南界。」又云：「常山之北爲今易州宣化之地，即燕上谷郡。」（注十四）

檢《水經·滱水注》引《竹書紀年》：「燕人伐趙，圍濁鹿。趙武靈王及代人救濁鹿，敗燕師於勺梁。」程恩澤云：「今廣昌東嶺之東有山，俗名濁鹿邏。」（注十五）既然濁鹿地處燕、趙交壤，廣昌地望也可以推知。又檢《水經·易水注》：「是水（南易水）出代郡廣昌縣，東南郎山東北燕王仙臺東……燕昭王求仙處。」此亦廣昌一度屬燕之旁證。

韓號　二三四一

「⿰方⿱𠂉木刀」（圖八）。其國別或定宋國（注十六），或定燕國（注十七）。按，該布聳肩、束腰，呈燕布典型特點，且出土遼寧凌源（注十八），故燕國說可信。銘文舊釋「封化」（注十九），或「市化」（注二十），均不確。

按，右字从「㫃」、从「木」，應隸定爲「⿰方⿱𠂉木」。「㫃」「倝」爲一字分化，早在甲骨文「旋」字偏旁中已可見其互換的現象：

後編二・三五・五　　拾掇二・一三〇

《說文》：「旋，从㫃，从疋。疋，足也。」其實這是許慎的誤解。「旋」本从「止」，或从「倝」聲，或从「㫃」聲。小篆从「疋」，乃誤合「倝」之「日」旁與「止」旁爲一體。類似「倝」與「㫃」互換的現象，在戰國文字中也可找到若干例證：

倝　璽彙二三七一　貨系六三三

看　說文或體　中山七〇

戟　大良造鞅戟　鄭右庫戈

榦　中山六九　貨系二三四一

以上平行演變的異體，證明「⿰方⿱𠂉木」即「榦」。《說文》：「榦，築牆耑木也。从木，倝聲。」字亦誤作「幹」。

《汗簡》中一・三四「旝」之古文作：

此字从「㫃」，从「木」，無疑是上文所討論的「⿸㫃木」（榦）。《汗簡》以「旝」釋「⿸㫃木」屬聲訓。旝，匣紐月部；榦，見紐元部。匣、見為準雙聲，月、元對轉。「榦」與「韓」均从「倝」得聲，可以通用。《說文》：「韓，井垣也。」即《莊子・秋水》「井榦」，可資佐證。

幣文左字為「刀」字反書，參見燕明刀「刀」字（《貨系》二九二〇、三三五五、三四四四等）。舊均以其與「化」右从倒「人」形相混，遂釋「化」之省，非是。燕文字「刀」旁也往往反書，參見：

剸　璽彙三九〇三

⿱絲刀　陶彙九・一二

可證燕文字「刀」確可反書。

燕布「⿸㫃木」（榦）與《詩・大雅・韓奕》之韓有關。顧炎武引《水經・聖水注》「聖水又東南逕韓城東。《詩・韓奕》章曰：『溥彼韓城，燕師所完，王錫韓侯，其追其貊，奄受北國。』鄭玄曰：『周封韓侯，居韓城為侯伯，言為獫夷所逼，稍稍東遷也。』王肅曰：『今涿縣方城有韓侯城，世謂寒號，非也。』」以及《潛夫論・志氏姓篇》「昔周宣王亦有韓侯，其國也近燕，故《詩》云『溥彼韓城，燕師所完』」，遂定其地在河北固安（注二一）。上引《水經注》文前尚有「東逕方城縣故城，李牧伐燕取方城也」，然則「方城」所轄「韓侯城」戰國屬燕，殆無疑義。顧氏之說確不可移。

王肅謂「韓侯城」又名「寒號」，殊堪注意。按，「寒號」即「斿（韓）刀」之音轉。首先，「寒」、「韓」音近可通。《左傳・襄公四年》「寒浞」，《漢書・古今人表》作「韓浞」。《世本》「韓哀」，《呂覽・勿躬》作「寒哀」。《史記・游俠列傳》「韓孺」，《漢書・游俠傳》作「寒孺」。《呂覽・觀表》「寒風」，《淮南子・齊俗》作「韓風」。均其佐證。其次，「號」、「刀」音近可通。《左傳・文公十八年》「饕餮」，《書・多方》正義作「叨餮」。《說文》「饕或作叨」。均其佐證。

「斿刀」、「寒號」均爲借字，本字當作「韓皋」。《史記・趙世家》悼襄王「二年，李牧將攻燕，拔武遂、方城……城韓皋」。「號」、「皋」音近可通。《周禮・春官・樂師》「詔來瞽皋舞」，注：「皋之言號。」是其佐證。關於「韓皋」的地望，舊注未瞭，實則「寒號」之音轉，即「韓奕」之「韓」。「韓皋」之「皋」義近「澤」，爲地名後綴，如「橐皋」、「平皋」等。上引《趙世家》李牧「拔武遂、方城」與「城韓皋」之間雖夾述「秦召春平君」一段文字，但「城韓皋」似與趙伐燕有關。這也是「韓皋」即「韓侯城」的旁證。

總之，《韓奕》之「韓」，戰國時名「寒皋」，「皋」爲地名後綴。燕國布幣銘文「斿刀」乃「韓皋」之音轉，《水經注》引王肅說作「韓號」爲這一推測提供了珍貴的佳證。眾所周知，《水經注》多保存先秦古地名，諸如「尙子」即「長子」，「北鄩」即「北尋」，均爲貨幣銘文所證實。王肅所謂「今涿郡方城有韓侯城，世謂韓號，非也」，蓋未經深思。

右明司鍴　二三四三

「右明𨐌弫」（圖九）。銘文四字，又非地名，是燕布中僅見的品類，十分重要。據云已發現十二枚（注二二）。

第三字或釋「辛」，讀「新」（注二三），不確。按，此字應隸定「𨐌」，釋「辞」，讀「司」（注二四）。檢《中山》七三「辞」作「䛐」，正从「𨐌」。據《說文》「辞」乃「辭」之籀文。「辭」西周金文作「𤔲」，晚周文字多省作「司」。因此，燕布「𨐌」也應讀「司」（三晉方足布有从「邑」之「䢃」，地望待考）。

第四字釋讀頗有分歧。其中釋「但（剛）」（注二五）。「冶」（注二六）、「弫（工）」（注二七），與此字形體密切，但又不可不辨其得失。

第一說據《說文》「剛」之古文作[illegible]釋「但」（按當作「弫」），頗有見地。然謂「剛」有「平賈之意」，又誤讀「𨐌」爲「新」，遂使幣文扞格難通。

第二說釋「冶」，然「冶」从「刀」，而此字並不从「刀」，故不能釋「冶」。

第三說隸定作「弫」，不誤，但讀「工」則非是。燕文字自有「司空」（《璽彙》〇〇八二），

「工」不作「弜」。

今按，「弜」乃「弘」之戰國古文，其中「=」爲分化符號。因「强」从「弘」得聲（《說文》：「强，蚚也。从虫、弘聲。」强、弘雙聲），故戰國文字「弜」可讀「强」。例如：

一．《侯馬》三二三「弜梁」即「强梁」，詞見《墨子．公孟》：「身體强梁。」

二．天星觀楚簡「弜死」即「强死」，詞見《左傳．文公十年》：「三君皆將强死。」

三．《璽彙》〇三三六「武弜」即「武强」，詞見《漢書．地理志》信都國「武强」。

上文引《說文》「剛」古文作「弜」屬聲音通假。「剛」、「强」一字分化（注三十）。總之，燕布銘文「弜」讀「强」殆無疑義。

「糸弜」可讀「司繦」或「司鏹」。「繦」本義爲貫錢之索。《管子．國畜》：「歲適凶，則市糴釜十繦。」又：「使萬寶之都，國有萬鍾之藏，藏繦千萬；使千室之都，必有千鍾之藏，藏繦百萬。」《漢書．食貨志》「臧繦千萬」、「臧繦百萬」。「繦」或作「鏹」。《西京雜記》三：「茂陵人袁廣漢，藏鏹巨萬。」《文選．蜀都賦》「藏鏹巨萬」，注：「鏹，錢貫也。」《集韻》：「鏹，以繩貫錢。」戰國刀幣、圜錢及若干布幣皆有穿孔，此戰國貨幣可用繩貫之確證。引申而言，以繩索貫穿之貨幣也可稱「繦」。《正字通》：「鏹，錢謂之鏹。」《南史．郭祖深傳》：「累金藏鏹。」這應是「繦」改變形符作「鏹」的原因。「鏹」，又是金的別名。《正字通》：「鏹，白鏹，金別名。」這是字義的進一步引申。梳理「繦」和其分化字「鏹」的義訓，可知燕布「司鏹」的「鏹」顯然指貨幣。「司鉨」可能是燕國管理貨幣的職官，相當周官「司貨」（《禮記・曲禮》下），「右明」則可能是管理貨幣的機構。

迄今爲止，燕國大量刀幣中的「明」字，含義尚不明瞭。「右明司鉨」的釋讀，爲探索「明」字的蘊義提供一條重要線索。

宜平

「宜平」（圖十）。一九八九年北京市錢幣學會公佈發現「宜平」布的消息（注三一），這使燕方足布又增添一種新的品類。據云此布係河北省某縣農民帶到北京出售時發現的。幣重六・九克，幕文左上角有「左」字，中間有「小」形紋，是明確無疑的燕布。

「宜」字與韓國「宜陽」方足布《（奇觚》一二・一八）的「宜」字相同，北京市錢幣學會釋「宜平」，應無疑義。

「宜平」，典籍未見。檢《水經・㶟水注》：「㶟水又東逕無鄉城北，《地理風俗記》曰：燕語呼亡爲無，今改宜鄉也。」王先謙注：「趙釋曰：一清按，《地理志》東燕州太和中分恒州，東部置，孝昌中陷。天平中領流民置寄治幽州宜都城，即宜鄉也。」（注三二）燕布「宜平」是否與「宜鄉」、「宜都」有關，有待研究。

以上七種燕國布幣銘文：「襄平」釋讀向有定論，不成問題。「安陽」、「平陰」、「宜平」的地望，以及「廣昌」、「寒號」、「右明司鍴」的釋讀，乃筆者管見，僅供參考。

值得注意的是，燕國布幣六個地名除「襄平」以外，均在燕、趙兩國接壤處：

平陰—山西陽高

安陽—河北陽原

廣昌—河北淶源

寒號—河北固安

宜平—河北涿鹿

從上述文獻材料分析，五地均一度屬趙國管轄，或被趙國佔領。其中「安陽」又見趙三孔布、方足布，「平陰」又見趙方足布。趙「安陽」方足布（《新探》五九）與燕「安陽」方足布形制類似，二者的淵源關係似乎可以從中得到啓發。

燕系和晉系方足布的形制基本相同，但也有若干差異。燕布聳肩（或微聳肩）、束腰、長足，故或稱「長足布」（注三三）；晉布平肩、直腰（或微束）、短足。燕布背文或銘「左」、「右」。

燕系和晉系方足布的文字風格迥異。燕文結體寬鬆，筆劃圓轉；晉文結體緊湊，筆劃方折。

承蒙程紀中同志慨允發表「宜平」布拓片，誌此銘謝。

注釋

一．日人編《朝鮮古文化綜鑑》第一卷（圖版四．一五）。
二．朱活《古錢新探》六四．一四八。
三．裘錫圭《戰國貨幣考》，《北京大學學報》一九七八年二期。
四．王先謙《合校水經注》一一．二四。
五．楊守敬《水經注疏》一一．一九，王國維《水經注校》一一．四〇一。
六．徐秉琨《說陽安布》，《中國錢幣》一九八五年一期。
七．集安縣文物保管處《吉林集安縣發現趙國青銅短劍》，《考古》一九八二年六期。
八．顧觀光《七國地理考》四．三。
九．張琦《戰國策釋地》，引諸祖耿《戰國策集注彙考》一五〇四。
十．胡三省《資治通鑑》注一．二二二，承錢林書先生賜示。
十一．譚其驤《中國歷史地圖集》第一冊三七—三八③9。
十二．朱起鳳《辭通一五．七五。高亨《古字通假會典》二七八。
十三．吳式芬《攈古錄金文》二．一．三九。
十四．程恩澤《國策地名考》一五．一五。

十五．同注十四，九．八。
十六．鄭家相《中國古代貨幣發展史》一〇四。
十七．同注二，一四九。
十八．張頷《古幣文編》二七六。
十九．同注十六。
二十．同注二。
二一．顧炎武《日知錄》，引《清經解》一．六六。
二二．王一新《右明新貨小布之再現》，《中國錢幣》一九八四年三期。
二三．同注十六，一〇六。
二四．何琳儀《戰國文字與傳鈔古文》，《古文字研究》一五．一二八。
二五．同注十六，一〇六。
二六．李學勤《東周與秦代文明》三一七。
二七．何琳儀《戰國文字通論》九八。
二八．王仁聰《關於壽縣楚器中但字的新釋》，《考古》一九七二年六期。
二九．李家浩《戰國邙布考》，《古文字研究》三．一六三。
三十．王力《同源字典》三四一。

三一．《北京市錢幣學會簡況》，中國錢幣學會成果彙報會暨第三次年會論文，一九八九年。

三二．同注四，一三．一八。

三三．唐石父《陳鐵卿先生之古泉解》，《中國錢幣》一九八〇年三期。

原載《中國錢幣》一九九二年二期

編後記

原稿篇幅較長，刊登時編輯有所刪削，今據舊稿補入，特此說明。

「宜平」疑讀「安平」。宜、安音義俱近，本一字孳乳（章炳麟《文始》一．十），或可通用。《地理志》遼西有「新安平」，在今汀北欒縣西，戰國屬燕。趙尖足布「安平」（《辭典》三九一），在今河北安平，與燕布「宜（安）平」並非一地。疑二地本來讀音易訛，故遼西郡之「安平」前加「新」以區別。

《中國錢幣》一九九二年四期載程紀中《燕布四珍》文內，又公佈燕布新品（圖十二）。疑釋「䝬坪」（《龍龕手鑑》：「䝬，陟雨切，音貯。」《字彙補》：「貯或作䝬。」），讀「重平」。掷陵君豆「䝬三朱」讀「重三銖」（參拙文《句吳王劍補釋》，《第二屆國際中國古文字學研討會論文集》，一九九三年），可資旁證。「重平」見《地理志》勃海郡，在今河北吳橋附近，戰國時地處燕、趙、齊三國交壤。

附圖

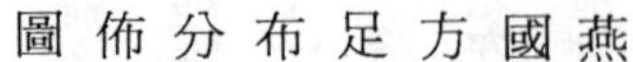

燕國方足布分佈圖

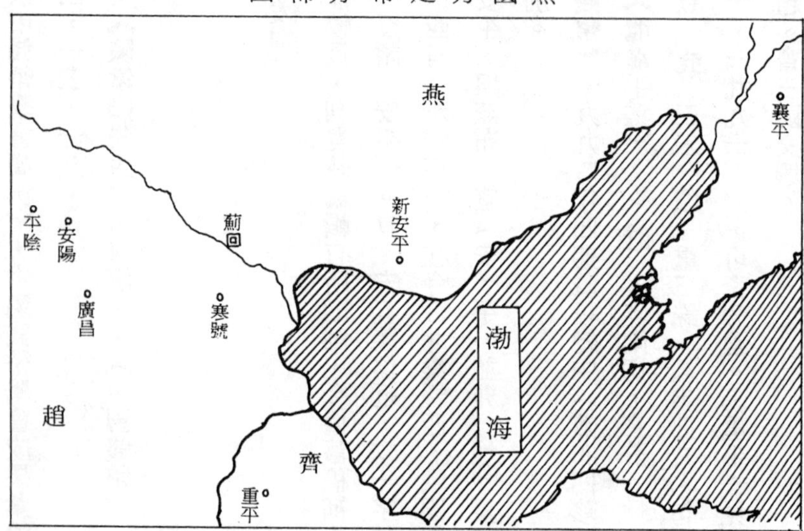

圖一

圖二

圖三

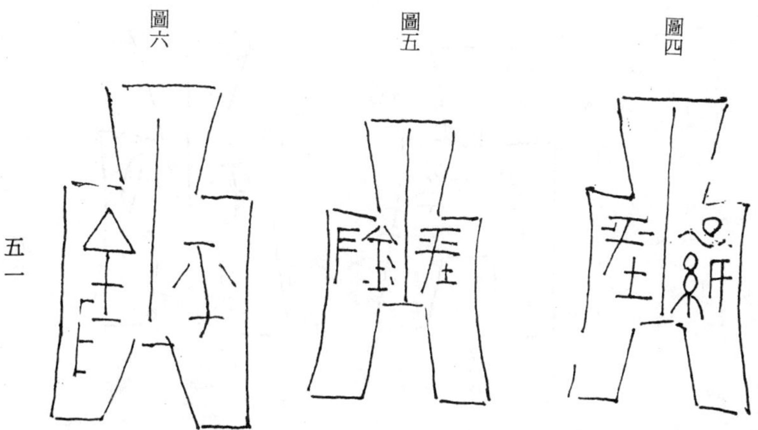

圖四

圖五

圖六

圖七

圖八

圖九

圖十

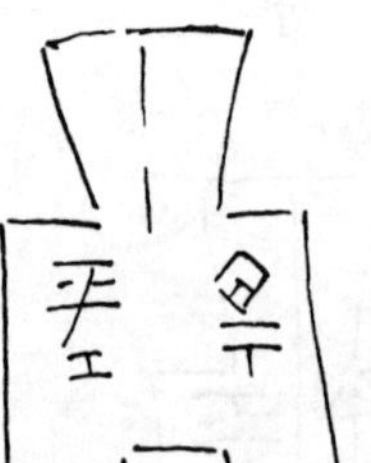

圖十一

空首布選釋

空首布銘文多爲單字，二字以上者則頗爲罕見。其內容除數字、干支外，還有周王廟號、五等爵、五聲、八音等（注一）。單字銘文舊多以爲地名，其中有些釋字相當勉強，且地望不合。然而有些單字銘文確實爲地名，諸如：「京」、「留」、「向」、「寧」、「宋」、「喜」、「凡」、「耳（弭）」、「于（邘）」、「𢍏（棐）」等。因此，還有可能在現存的空首布銘文中找到若干地名。本文僅選舊多誤釋者六則予以考訂，並指出其地望，以供研究空首布內容者參考。除「夬」字外，其它五字拙文舊有隸定和釋文（注二），今詳加說明。本文所釋空首布銘文均引自《中國歷代貨幣大系》。

[illegible]

[illegible] 二二六　[illegible] 二二七

原釋「自」。檢《金文編》九三六頁「自」作[illegible]形，與上揭空首布銘文有別，並非一字。

按，此字應釋「爿」，參見空首布「𤕲」字所从偏旁：

六五九　六四五

上揭獨體「爿」字形體或正或反，實無分別。

空首布「爿」疑當讀「嗇」，即「牆」之省文。「牆」从「爿」得聲。《戰國策·魏策》二：「楚王攻梁南，韓氏因圍蕃。」程恩澤曰：「蕃，一作蓄，鮑作黃。案《左傳·昭二十三年》劉子取牆人、直人。《彙纂》墻，一作嗇。《路史》：「嗇，廧也。今河南府新安縣東北有白墻村《金水發源處》，疑是其處。蕃與嗇、廧、墻，並是一字。其作蕃者，俗字省文耳。」（注三）其地在今河南新安西北。

⿰主欠

二三八　二三九

原釋「⿰衤欠」。晚周文字「示」作 、 ，無一例外。而上揭空首布銘文左旁作 、 ，顯然與「示」有別。

按，此字應隸定「⿰主欠」。其中「主」旁參見《侯馬》「宔」作：

三一四　三一四

晚周文字「主」的形體頗多變化，作丅、丅、亍、亍、亍等形。今據空首布「[王+欠]」所从「主」作亍、丅形，知丅實乃「主」之初形，與甲骨文「示」形體吻合。由此可見，「主」、「示」爲一字分化。不過晚周以後二字形體已有區別，即「主」作丅、亍、亍等形，而「示」作示、示、示等形。有關這一問題及从「主」的字，已在另文中討論（注四），茲不贅述。

「[王+欠]」，又見《侯馬盟書》三一七、《璽彙》一八三八、二六五〇等，字書所無，疑「哇」之異體。《玉篇》：「哇，口不正也。」

空首布「[王+欠]」疑讀「注」。《史記．魏世家》文侯「三十三年，伐鄭，城酸棗，敗于注。」地在今河南臨汝西北。另外，韓國方足布「[illegible]」（二二七〇），應釋「鑄」，亦讀「注」。二者雖爲一地，但空首布和方足布的時代和國別均不同，銘文當然可以有不同的寫法。

窋

[illegible] 三五八　[illegible] 三五九

按，此字从「穴」、从「由」（參四三六—四四三「由」），應隸定「窋」，與《說文》「岫」之籀文吻合無間。

空首布「窋」疑讀「軸」。《詩．鄭風．清人》「清人在軸」，傳：「軸，河上地也。」其確切地望不詳。不過「清」的地望則見於《水經・滑水注》：「清池水出清陽亭西南平地，東北流逕清陽亭南，東流即清人城也，《詩》所謂『清人在彭』，故杜預《春秋釋地》中牟縣西有清陽亭。」故《詩》中「清」、「軸」等地「當在今衛輝府延津、滑二縣境」（注五）。

貢

A [目工] 四三二 [目工] 四三四

B [目工] 四三三

原釋「[目工]」，顯然是根據A式隸定。如果根據B式及《文編》二八五頁之[工貝]，則應隸定「[工貝]」。晚周文字中「貝」往往省作「目」形（注六）。「[工貝]」的「工」旁如果移於上方，無疑就是「貢」。

過去已有釋此字爲「貢」者，但泛言其爲「事物」（注七）。實則空首布此字可能是地名，疑讀「鞏」。《左傳・昭公二十六年》「晉師克鞏」。《史記，周本紀》：「威公卒，子惠公代立，乃封其少子於鞏，以奉王，號東周惠公。」在今河南鞏縣西。

央

五三一

原闕釋。

按，此字應釋「央」。以往戰國文字中的「央」舊多不識。自曾侯乙墓音律編鐘銘文中「駚」被辨認出後（注八），上溯下推古文字的「央」及从「央」的字皆可冰釋（注九）。茲僅舉幾例不同時代的「央」字：

A　類纂三五八

B　貨系五三一　　宜桐盂「鉠」

C　仰天一五　　包山二六〇

D　秦漢一九五　　秦漢一九五

以上A爲商代甲骨文，B爲晚周金文，C爲戰國文字，D爲秦漢文字。形體之間有明顯的演變關係。「央」字本象右手指套「扳指」之形，以便引弦開弓。典籍亦作「抉」、「觖」、「決」、「玦」等。《集韻》：「央，所以闓弦者。」

甲橋刻辭習見「央入」，參考其它「周入」、「鄭入」、「雀入」、「喜入」等辭例，可知「央」應該是方國名。以此類推，空首布與甲橋刻辭的「央」應是一地。

「央」與「𣪠」聲系可通。《爾雅・釋詁》下：「𣪠，息也。」釋文：「𣪠，孫本作怏。」是其證。《集韻》：「⿱艹𣪠，《說文》艸也。或作蒯。」（「蒯」爲「⿱艹𣪠」之形訛）疑空首布「央」讀「蒯」。《左傳・昭公二十三年》：「尹辛攻蒯，蒯潰。」注：「河南縣西南蒯鄉是也。」在今河南洛陽西。

垝

五四三　五四四

原隸定「危」，其「釋文表」又引或說釋「仁」。此字从「人」，从「厂」，从「二」，釋「仁」顯然不合。

按，原隸定「危」頗有道理，然字書所無。近見一空首布拓本（注十），此字作：

則从「土」，从「𠂊」，應隸定「⿱𠂊庄」。其構形可理解爲从「土」，从「危」省。包山簡「跪」作：

包山二六二

亦屬此類省簡（注十一）。《說文》：「垝，毀垣也。从土，危聲。」以「⿱𠂊庄」與「危」相互比較，不難發現後者是前者之省簡，均應釋「垝」。

空首布「垝」疑即「垝津」。《史記．魏世家》：「城垝津以臨河內。」在今河南浚縣古黃河渡口。「垝津」又名「圍津」（《荀子．彊國》）、「韋津」（《水經．河水注》）。其中「垝」、「圍」、「韋」爲一音之轉。淦《水經．河水注》：「白馬有韋鄉、韋城，故津亦有韋津之稱。《史記》所謂『下修武，渡韋津』者也。」由此可見，「垝」或「韋」地處古黃河之濱，故又名「垝津」、「圍津」、「韋津」（注十二）。《水經注》「韋鄉」、「韋城」遠承空首布「垝」，尚不加「津」字，應有所本。凡此均「垝」即「垝津」之參證。

注釋：

一．曹錦炎《關於先秦貨幣銘文的若干問題》，《中國錢幣》一九九二年二期。

二．何琳儀《古幣文編校釋》，《文物研究》六輯，一九九〇年。

三．程恩澤《國策地名考》卷一一。

四．何琳儀《句吳王劍補釋》，《第二屆國際中國古文字學研討會論文集》，香港中文大學，一九九三年。

五．朱右曾《詩地理徵》，《皇清經解續編》四冊七二八頁，上海書店，一九八八年。

六．何琳儀《戰國文字通論》二〇八—二〇九頁，中華書局，一九八九年。

七．朱活《古錢新探》二四頁，齊魯書社，一九八四年。
八．裘錫圭、李家浩《曾侯乙墓鐘磬銘文釋文說明》，《音樂研究》一九八一年一期。
九．何琳儀《仰天湖簡選釋》，待刊。
十．承蒙王貴忱先生惠贈複印件，謹致謝忱。
十一．何琳儀《包山竹簡選釋》，《江漢考古》一九九三年四期。
十二．諸祖耿《戰國策集注彙考》一二七六頁，江蘇古籍出版社，一九八五年。

首陽布幣考——兼述斜肩空首布地名

《中國歷代貨幣大系》五八七著錄一枚斜肩空首布孤品，布首殘斷，銘文二字(圖一)，舊釋「函陽」。方若云：

河南靈寶境內出土。按，靈寶爲秦函谷關地。靈寶南稱函谷舊關，新安東稱函谷新關（注一）。

自此以後，「函陽」說相沿至今，多無異詞。

細審《貨系》、《藥雨古化雜詠》所載拓本，右字原篆作：

與《金文編》一一三八「函」作：

相互比較，可謂風馬牛不相及。何況所謂「函陽」也不等於「函谷」。故舊說殊不可據。

今按，該布右字當釋「首」。《金文編》一四八四「首」作：

是西周文字的標準形體，象頭部上有髮之形。東周文字則往往省髮而存頭形，茲舉數例：

首　隨縣一四七　隨縣九

道　侯馬三三一　侯馬三三一

瘖　包山一〇二　璽彙五五一

凡此「首」及「首」旁與斜肩空首布右字基本吻合，故後者亦應釋「首」。

該布左字原篆作：

舊釋「昜」，甚確。不過貨幣文字「昜」下部多有飾筆，參《文編》一二二、一八二。該布「昜」無飾筆，則可以在兩周金文中找到其來源，參《金文編》：

昜　一五七九　一五七九

陽　二三一八　二三一八

這說明該布「昜」應早於通常戰國貨幣文字中的「昜」，而與西周金文形體較近。斜肩空首布屬先秦貨幣中時代較早的一種，從文字學方面也可以得到證明。

綜上文字形體比較，可知該布二字應釋「首昜」，讀「首陽」。

「首陽」，必然使人聯想到伯夷、叔齊不食周粟，餓死首陽山的故事。關於首陽山的地望歷來有五說。清代地理學家程恩澤對此曾有詳密的考證，茲摘抄如次：

案《史記正義》首陽山有五：一在蒲坂……一在隴西……一在遼西……一在偃師。高誘云：首陽在雒陽東北。戴延之《西征記》：洛陽東北首陽有夷齊祠。《水經注》：平縣故城西北有首戴，即夷、齊作歌之所，所謂『登彼西山』是也。一在北海……以《大戴禮》『二子居河濟之間』考之，當以偃師爲是（注二）。

程氏雖平列介紹五說，但其傾向於偃師說則顯然易見。檢《水經·河水注》：

河水又東，逕平縣故城北……河水南對首陽山，《春秋》所謂首戴也。夷、齊之歌所以曰『登彼西山』矣。上有夷、齊之廟，前有二碑。

王先謙云：

孫校，曰：《公羊》、《穀梁》經：「僖五年，秋八月，諸侯盟于首戴。」《左傳》作「首止」。杜注：首止，衛地。陳留襄邑縣東南有首鄉（注三）。

據杜預注「首戴」不應在首陽山，酈道元注似別有所本。或許首陽山附近的「首戴」與《公羊》、《穀梁》的「首戴」並非一地，僅同名而已。（《元和郡縣志》：「首陽之山在河南偃師，日之方升，光必先及。《春秋》之所謂首戴也。」似亦源於《水經注》，且言首陽與首戴義近。）這一推測如果不誤，河南首陽山附近的「首戴」可能即緣首陽山而得名。春秋名「首陽」。古代往往以山名爲邑名，諸如：「馬首」以「馬首山」得名，「穀城」以「穀城山」得名，「夏屋」以「夏屋山」得名，「中人」以「中山」得名等等，可謂比比皆是。另外，《三代》一九·三十·一著錄「守陽」戈，疑應讀「首陽」，亦周之兵器。

總之，斜肩空首布「首陽」應是今河南偃師西北首陽山附近的小城邑，即《水經注》之「首戴」，依山爲名，其具體地望不詳。

順便介紹《貨系》其它五種斜肩空首布銘文：

一．「三川釿」（五六七）。其中「三川」爲郡名。《史記，秦本紀》莊襄王元年「秦界至大梁，初置三川郡。」集解：「韋昭曰：有河、洛、伊，故曰三川。駰案，《地理志》漢高祖更名河南郡。」郡治在今河南洛陽東。其實早在秦佔領三川郡以前，韓國已設三川郡。《戰國策．韓策》三：「王何不召之以爲三川之首，是緤以三川與西周戒也。」是其佐證。空首布「三川」，說明這一地名的出現還可以上溯到春秋時期。

二．「盧氏」（五八七）。亦見原始布（二九）、橋形布（一四三五）、銳角布（一二一七）。《水經．洛水注》引《竹書紀年》：「晉出公十九年，晉韓龍取盧氏城。」隸《地理志》弘農郡，在今河南盧氏。

三．「武安」（五八八）。亦見尖足布（一〇一二）。《戰國策，秦策》：「章封爲武安君。」注：「武安，趙邑。」《趙世家》：幽繆王三年「封牧爲武安君」。《地理志》隸魏郡，在今河北武安西南。

四．「武采」（五九六。圖二）。第二字舊釋「相」、「爰」、「寽」、「采」等，均非是。《

貨系・總論》隸定「采」雖襲舊說，但釋布銘二字即「武遂」則非常正確。按，第二字原篆明確从「爪」，从「禾」，應釋「采」，即「穗」之會意字。《說文》：「采，禾成秀也。人所以收。从爪、禾。穗，采或从禾，惠聲。」「采」，晚周文字習見，如《侯馬》三一八、《璽彙》〇四三八、〇五三二、《陶徵》一二七、《包山》八六等。「采（穗）」可讀「遂」。「繐」、「稅」、「襚」均指喪服，爲一音之轉。《左傳・襄公二十七年》：「公喪之如稅服終身。」釋文：「稅，徐云：讀曰繐。」《史記・酈生陸賈列傳》：「乃奉百金往稅。」集解引韋昭云：「稅當爲襚。」可資佐證。然則斜肩空首布「武采（穗）」自可讀「武遂」。《史記・韓世家》：襄王「六年，秦復與我武遂。」其確切地望諸家意見頗有分歧（注四），一般則以爲在今山西垣曲東南黃河北岸（注五）。

五・「武」（五九八）。顧棟高云：「晉、楚俱有武城。《文八年》秦人伐晉，取武城，在今陝西同州府華州東北十三里，一名武平城。《僖六年》蔡穆侯將許僖公，見楚子于武城。杜注：楚地。在南陽宛縣北。今在河南南陽府城北。」（注六）斜肩空首布「武」應是《左傳》二「武」之一。

斜肩空首布出土地多集中在河南省黃河流域西段，諸如：洛陽、宜陽、伊川等地區，僅建國以來已發現二五二六枚（注七）。其銘文內容大概只有上文所述六種。其中「首陽」、「三川」（大部份地區）一直屬周，「盧氏」、「武遂」、「武」周平王東遷之後仍屬周（戰國早期屬韓、魏，不再屬周）。「武安」春秋屬晉，戰國屬趙，春秋能否屬周，尙值得研究。因此，斜肩空首布爲春秋後半段周幣的可能性最大。

注釋：

一．方若《藥雨古化雜詠》，北京出版社，一九八八年。
二．程恩澤《國策地名考》引注五一五二二頁。
三．王先謙《合校水經注》一一八頁，巴蜀書社，一九八五年。
四．諸祖耿《戰國策集注彙考》一二七頁，江蘇古籍出版社，一九八五年。
五．譚其驤《中國歷史地圖集》三三—三四③4
六．顧棟高《春秋大事表》，《清經解續編》四八四頁，上海書店，一九八八年。
七．楊育彬《建國以來河南古代錢幣的發現和研究》，《中州錢幣論文集》一九八二年。

附圖

圖一

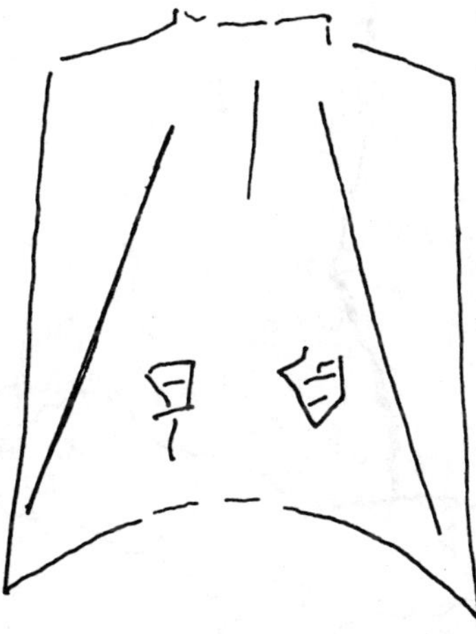

圖二

斜肩空首布分佈圖

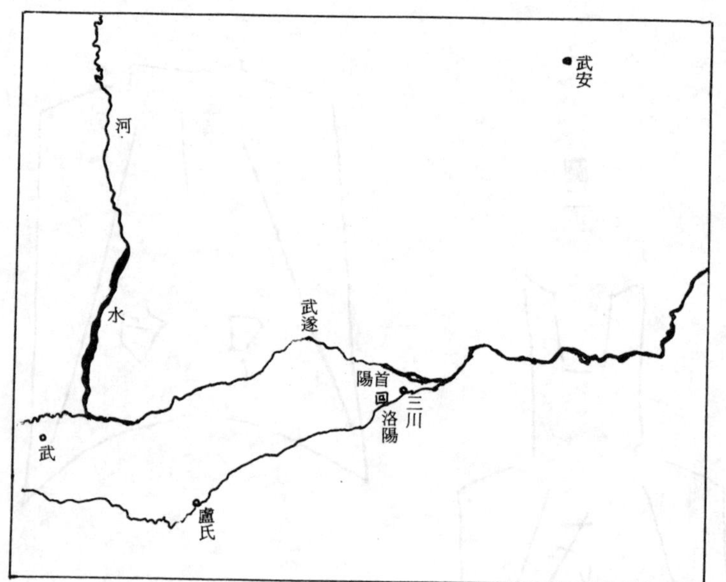

周方足布考

周平王東遷洛陽，中國歷史進入春秋時期。周天子名義上雖仍爲天下共主，但其所能直接控制的疆土，大概只有河南省西北部而已。戰國以降，王室日漸式微。周顯王二年（西元前三六七年），韓、趙兩國始分割周王室爲兩個小朝廷，即東周和西周。（《史記·趙世家》成侯「八年，與韓分周以爲兩。」）秦莊襄王元年（西元前二四九年），東周被秦所滅。在此百餘年間，周王室所轄疆土唯七縣。《史記·周本紀》：「秦莊襄王滅東西周。」集解引徐廣曰：「周比亡之時，凡七縣：河南、洛陽、穀城、平陰、偃師、鞏、緱氏。」《晉書·地理志》：「周孝王封周桓公孫惠公於鞏，號東周，故戰國時有東、西周號。芒山、首陽其界也。」分裂之後的周王室領土日蹙，據《史記·楚世家》記載：「西周之地，絕長補短，不過百里。」東周之地與西周之地大小相彷彿。東、西周疆土的具體分佈是：洛陽、平陰、偃師、鞏四邑屬東周；河南、穀城、緱氏三邑屬西周（注一）。鉤稽戰國東、西周貨幣銘文中的地名，應不出此七邑範圍之外。

就目前材料判斷，戰國東、西周曾使用過三種類型的貨幣：

A　平肩弧足空首布

B　方足小布

C　圜錢

這三種類型貨幣銘文中均有「東周」，圜錢銘文中還有「西周」。這是東、西周流通三種類型貨幣的確證。A型除「東周」外，尚有「武」、「日」、「百」、「吉」、「邵文」、「釓官」、「安周」、「安藏」、「臧」等；C型除「東周」、「西周」外，尚有「安藏」。凡此與地名似均無關係。唯有B型（即方足小布）除「東周」外，還應有若干地名。衆所周知，三晉方足小布銘文均爲地名，東、西周地處韓、魏之間，其方足小布銘文理所當然亦爲地名。過去有論著統計周方足小布爲六種（注二），或四種（注三）。其所釋讀或文字有誤，或地望不合，或有多種可能。因此，周方足小布究竟有多少，始終比較模糊。本文擬就東、西周方足小布材料再予整理討論。

本文重點討論四種周方足小布，疑似者附於文後。

東周

《貨系》二二八一著錄方足布，銘文「東周」二字（圖一）。「東周」亦見平肩弧足空首布（六三六—六四〇）、圓孔圜錢（四〇七七—四〇八八），無疑都是指戰國時期的東周國。

《史記·周本紀》：「考王封其弟於河南，是爲桓公，以續周公之官職。桓公卒，子威公代立。

威公卒，子惠公代立，乃封其少子於鞏以奉王，號東周惠公。」戰國「東周」即春秋之「鞏」。《左傳·昭公二十六年》：「晉師克鞏。」在今河南鞏縣西。春秋之「鞏」，平肩弧足空首布銘文作「貢」（四三二一四三四。注四）。

尸氏

《貨系》一九五二著錄方足布，銘文二字（圖二），又見《東亞》四·三二，舊釋「烏氏」。

檢《貨系》一九五一方足布「烏」作：

按，左字應釋「𡰥」，即「仁」之古文。參見下列戰國文字：

中山一三　侯馬三〇二

璽彙三二九二　包山一八〇

與揭上方足布左字形體判然有別，決非一字。《文編》二八九頁以之入「附錄」，比較嚴謹。

《玉篇》：「𡰥，古文夷。」又：「𡰥，古文仁。」「夷」、「仁」一聲之轉。「𡰥」、「仁」均「尸」之分化，其中「=」爲分化符號。換言之，「尸」加「=」分化爲「𡰥」（音夷），又形變爲「仁」。「尸」，透紐脂部；「𡰥」，定紐脂部；「仁」，日紐眞部。透、定、日均屬舌音，脂、眞陰陽對轉，故方足布「𡰥」可直接讀「尸」。

右字舊釋「氏」，甚確。不過此字是反書，《文編》所錄「氏」字往往正反無別：

[glyph] 四一　[glyph] 四二

[glyph] 四三　[glyph] 四三

[glyph] 四一　[glyph] 二八九

方足布「𡰥氏」即「尸氏」。《左傳·昭公二十六年》：「劉人敗王城之師於尸氏。」注：「尸氏在鞏縣西南偃師城。」即《漢書·地理志》河南郡偃師所轄「尸鄉」。在今河南偃師西，戰國應屬東周國（注五）。

北尋

方若《古化全稿》、朱活《古錢新典》四九著錄一品罕見的方足布，銘文二字（圖三），《新探》六四釋「北竹」。

檢《文編》四七「北」與上揭方足布右字吻合，不成問題。至於左字釋「竹」，則毫無根據。中山國圓壺「竹」字作[glyph]形，上方不連接，整體也不豎立。何況地名中並無「北竹」，故舊釋非是。

按，第二字應釋「尋」。甲骨文「尋」本作[glyph]形，象「伸兩臂與杖齊長。」（注六）或變形作

□，或加「口」爲飾作□形，或省箇手指作□形，或加音符□（「簟」字初文）作□形。
晚周銅器銘文中還出現一類不加口或□形的「尋」：

□ 齊侯鎛　□ 甚六鐘

上揭方足布銘文中的□即屬這類「尋」字。《說文》所謂「度人之兩臂爲尋」，恰與這類「尋」字伸兩臂形吻合。茲列「尋」字形體演變如次：

□ 前編二・二六・三 → □ 𢆶卩簋

□ 佚存五七七 → □ 五祀衛鼎「帥」旁

□ 粹編八五三 → □ 仲□父鼎

□ 屯南七八 → □ 吳王光劍「□」旁

□ 齊侯鎛「鄩」旁 → □ 北尋方足布

□ 類纂二二三三 → □ 秦漢二〇九 → □ 衡方碑 → □ 漢徵三・二〇

至於小篆「□」，則是在「尋」旁又加一音符「彡」而已。

值得注意的是，西周金文「帥」均从「尋」旁作：

□ 五祀衛鼎　□ 井人妄鐘

或據此釋甲骨文「尋」字爲「帥」（注七），這是一種誤解。「帥」从「巾」从「□」，單獨的「□」並不是「帥」。其實「帥」是从「巾」、「□」聲的形聲字。「□」爲「尋」之變體，詳見上文。帥，所律切，心紐；尋，徐林切，邪紐。心、邪中古音均屬齒音，發音頗近。上古音邪紐多入舌音定紐，不過齒音「帥」亦可讀舌音。《說文》：「帥，佩巾也。从巾，𠂤聲。帨，帥或从兌聲。」《五音集韻》：「帥，舒芮切，同帨，亦佩巾也。」其中讀「舒芮切」的「帨」正屬舌音。凡此可證「帥」、「尋」聲紐其近。「帥」从「[illegible]（尋）」得聲，蓋以雙聲諧聲。如果將《說文》「𠂤」聲改爲「尋」聲，音理亦完全吻合。看來許愼以「帥」爲形聲字並非沒有道理。

方足布銘文「北尋」即「北鄩」，見《水經．洛水注》：「尋水又東南，於訾城西北東入洛水。故京相璠曰：今鞏洛渡北有鄩谷水，東入洛，謂之下鄩，故有上鄩、下鄩之名；亦謂之北鄩，於是有南鄩、北鄩之稱矣。又有鄩城，蓋周大夫鄩肸之舊邑。」所謂「北鄩」即「上鄩」，在今河南偃師東北，戰國應屬東周國（注八）。

《文編》二八三著錄方足布銘文二字作：

[illegible]

應釋「尋尾」，疑與「尋口」有關。《左傳．昭公十二年》：「次于潁尾。」其「潁尾」又名「潁口」（注九），可資參證。《史記．張儀傳》：「下兵三川，塞什谷之口。」集解：「徐廣曰：什，一作尋，成皋鞏縣有尋口。」索隱：「一本作尋谷。尋、什聲近，故其名惑也。」方足布「尋尾」如果是「尋口」或「尋谷」，也應是東周國地名。

橋形布（一四四二）、方足布（一九八〇）的「[illegible]氏」，舊釋「鄩氏」，並不可信，其實應釋

「郛氏」（注十），讀「泫氏」，乃魏國地名，詳另文（注十一）。魏布與周布的文字和地望均不同。於此附帶說明。

留

《貨系》一六七八著錄方足布，銘文一字（圖四）。原釋「留邑」，非是。其實該布銘文只有一字，从「邑」，从「留」，即「⿰留阝」字。方足布獨字銘文往往加「邑」旁表示地名，例不贅舉，參另文（注十二）。

方足布「⿰留阝」應讀「留」，周畿內國名。《詩·王風·丘中有麻》：「丘中有麻，彼留子嗟。」傳：「留，大夫氏。」陳奐曰：「留，即春秋劉子邑。」《漢書·地理志》：「河南郡緱氏劉聚，周大夫留子邑。」（注十三）在今河南偃師西南，戰國應屬西周國。

餘說

以上討論的四種周方足布，與周所轄七邑的對應關係可列爲一表：

東周	東周	鞏
	𡰥（尸）氏	偃師
	北尋（鄩）	偃師
西周	㽞（留）	緱氏

這大概是現有材料中可以確定的周方足布。至於「尋尾」是否即「尋口」，尚待證明。

還有若干方足布，雖可視爲東、西周貨幣，但也不排斥屬別國貨幣的可能，計有六種：

見於《貨系》者：

一．「平陰」（一七九九）。或據《左傳，昭公二十三年》：「晉師在平陰。」（今河南孟津西北），定爲周幣（注十四）。但據《史記．趙世家》，幽繆王「五年，代地大動，自樂徐以西，北至平陰。」（今山西陽高東南），則屬趙幣。山西陽高，河北靈壽等趙國古地曾出土「平陰」布，故「平陰」布也可能是趙幣。

二．「高都」（一九〇六）。或據《水經．伊水注》引《竹書紀年》：「梁惠成王十七年，東周與鄭高都（今河南洛陽西南）。」定爲周幣（注十五）。但據《史記．秦本紀》，莊襄王「三年，蒙驁攻魏高都、汲。」（今山西晉城）則屬魏幣。「高都」布多出土太行山區，故暫定「高都」布爲魏幣。

三．「鄔」（一九三四）。據《左傳．隱公十一年》：「王取鄔、劉、蒍、邘之田于鄭。」（今河南偃師西南）似爲周幣。但據《左傳・昭公二十八年》：「司馬彌牟爲鄔大夫。」（今山西介休東北）則屬趙幣。河南洛陽、山西祁縣、陽高、河北靈壽均出土「鄔」布，而以太行山區較多，故暫定「鄔」布爲趙幣。

四・「郇」（二二〇八），讀「向」。或據《詩・小雅・十月之交》「作都于向」（今河南濟源南），定爲周幣（注十五）。但據《左傳・襄公十一年》六月，諸侯伐鄭，「會于北林，師于向。」（今河南鄢陵西北）則屬魏幣。濟源之「向」屬韓不屬周，況且戰國中期以後韓之「向」已更名「高平」。因此「郇」應是魏幣（注十七）。

見於《辭典》者：

五・「⿱夊又」（一三六），讀「瑕」。《左傳・昭公二十四年》「王子朝之師攻瑕」，注：「敬王邑。」地望不詳，應在周境。但魏也有二「瑕」，分別見《左傳・僖三十年》「許君焦、瑕」（今河南靈寶西），及《左傳・成公六年》「必居郇、瑕之地」（今山西臨猗）。今暫定方足布「瑕」爲魏二「瑕」之一（注十八）。

六・「郕」（一九五）。或讀「成」，並據《史記・周本紀》「王赧謂成君」，徐廣注引《戰國策》曰：「西周令成君辨說秦求救。」《周本紀》：「武王封弟叔武於成。」程恩澤曰：「《急就篇》注：成者，周之采地。」「疑武叔受封於郕，其支子仍爲周卿士」（注十九），遂以爲周幣。但據《春秋・隱公五年》「衛師入郕」（山東范縣東南。注二一），則屬魏幣。周之「成」地望不詳，且有可疑；魏之「郕」地望明確，故暫定方足布「郕」爲魏幣。

綜上所述，把這六種方足布定爲周幣，證據不足，如果列爲趙幣或魏幣似乎更爲穩妥。可能在現有的方足布中還有若干周幣，但其數量決不會超過三晉任何一國。因爲東、西周所轄不過七縣而已，不會有更多的鑄幣城邑。

一九八九年十月初稿
一九九三年十月修訂

注釋

一．雷學淇《竹書紀年義證》、程恩澤《國策地名考》，引祖諸耿《戰國策集注彙考》四—五頁，江蘇古籍出版社，一九八五年。
二．鄭家相《中國古代貨幣發展史》九二—九三頁，三聯書店，一九八五年。
三．朱活《古錢新探》六〇頁，齊魯書社，一九八四年。
四．何琳儀《古幣文編校釋》，《文物研究》六輯，一九九〇年。
五．同上注。
六．唐蘭《天壤閣甲骨文存》四二片甲。
七．于省吾《甲骨文字釋林》二〇八—二八三頁，中華書局，一九七九年。

八．同注四。

九．胡渭《禹貢錐指》，《皇清經解》一冊二九二頁，上海書店，一九八八年。

十．朱德熙《古文字考釋四篇》，《古文字研究》八輯，一九八三年。

十一．何琳儀《橋形布幣考》，《吉林大學學報》一九九二年二期。亦收在本書中。

十二．何琳儀《魏國方足布四考》，《文物季刊》一九九二年四期。亦收在本書中。

十三．陳奐《詩毛氏傳疏》卷六第十八頁，北京中國書店，一九八四年。

十四．同注二。

十五．同注二。

十六．李家浩《戰國貨幣考（七篇）》，《中國錢幣學會成立五十周年紀念文集》，一九九二年。

十七．同注十二。

十八．同注十二。

十九．程恩澤《國策地名考》卷一第十五頁。

二十．同注二。

二一．楊伯峻《春秋左傳注》四〇頁，中華書局，一九八一年。

周方足布分佈圖

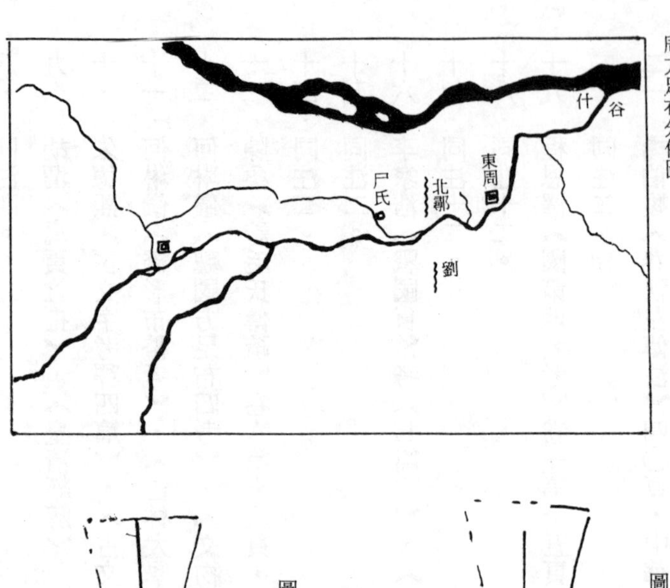

圖一

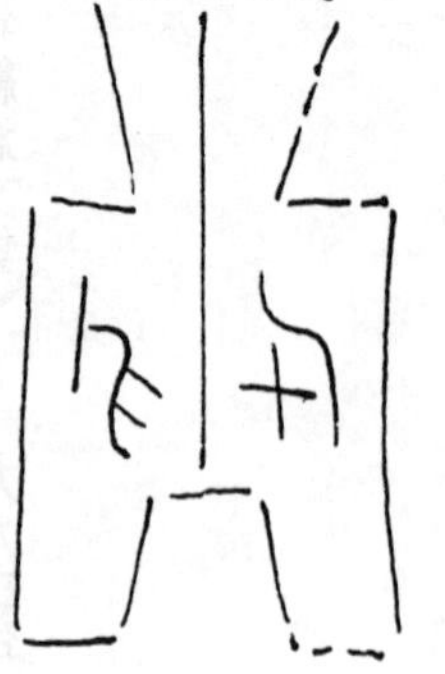
圖二

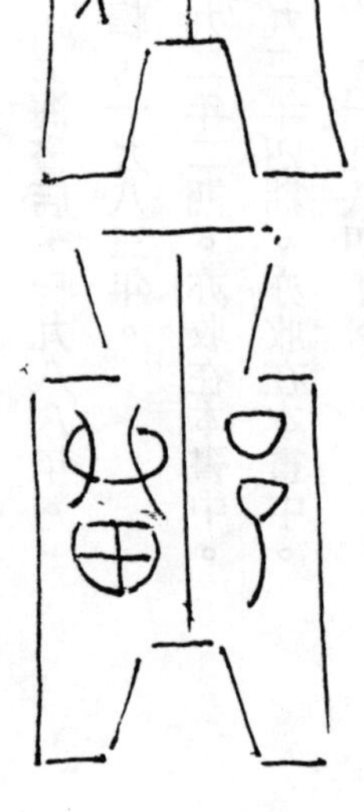
圖三
圖四

銳角布幣考

在三晉布幣中，有一類平首銳角、平肩、方足者，通稱「銳角布」，或稱「異形布」。有關銳角布的國別和年代，較早的論著認爲：

為春秋末期晉地首改空首布之制作。迨入戰國近洮水之平陽，因之而首鑄方足小布，於是方足小布遂盛行於各地。故此銳角方足布，可謂空首布與方足小布之過渡制作也（注一）。

較晚的論著則認爲：

為戰國韓國的早期鑄幣可以肯定（注二）。

銳角布多鑄有地名，這應是確定其國別和年代的重要依據。就筆者所知，銳角布僅五種，均見於《貨系》：

百涅　一二二六

「百涅」（圖一）。二字亦見銳角布「盧氏百涅」，舊讀「盧氏涅金」，認爲「盧氏」、「涅」

均爲地名。然而一枚布幣卻有二地之名，頗違常理。於是有學者提出疑問：

盧與涅皆地名，既云盧，又曰涅，何耶？竊意涅字不必作地名解。或如明代之蘗涅錢，以銅鑄而以蘗涅之也。（注三）

一布而兼兩地名，疑不可解。按，《方言》：「涅，化也。燕、朝鮮、洌水之間曰涅，雞伏卵而未孚始作之時謂之涅。」據此，則涅字當訓爲化。化金者猶鑄金也。（注四）

其實昔人所謂「涅金」的釋文和讀序無一是處。

首先，布銘右字原篆作「[glyph]」形，與中山王方壺「方數百里」之「百」形體吻合無間，理應釋「百」（注五）。這類「百」字異體在貨幣文字中也不少，已有另文討論（注六），茲不贅述。

其次，布銘左字舊釋「涅」，亦欠精確。《文編》收錄「涅」字來源於三種不同形制的布幣：

A　[glyph]　一四八　[glyph]　一四八　[glyph]　一四八

B　[glyph]　一四九　[glyph]　一五〇　[glyph]　一四九　[glyph]　一四九

C　[glyph]　一五一　一五一

A式來源方足小布，銘文一字。此字从「土」，「日」聲，與《說文》「涅」字結構相同，舊釋「涅」，毫無疑義。「涅」，地名。《水經·濁漳水注》引《竹書紀年》：「梁惠成王十二年，鄭（韓）取屯留、尙子、涅。」在今山西省沁縣北，戰國先後屬魏、韓。B式來源銳角布，銘文二字「百△」；C式也來源銳角布，銘文四字「盧氏百△」。B、C二式右上方从「口」或「曰」，A式右上方从

「日」，這是B、C二式不能釋爲「涅」的癥結所在。

今按，△左从「水」，右从「呈」，應釋「涅」。戰國文字「呈」有兩類形體：

前者與小篆吻合，後者則少一斜筆，在戰國文字及偏旁中習見：

侯馬三三〇　文編一五七

侯馬三二五　楚帛書

侯馬三三〇　休涅壺

其中最後一個形體與B、C二式第一類形體吻合無間，無疑均應釋「涅」。至於「呈」所从「口」或作「曰」形，參見《侯馬》三三〇：

「口」內加一飾筆即是「曰」形，這在戰國文字偏旁中司空見慣，不足爲怪。

幣文「涅」與「涅」雖形體有別，但是也確有偶而相混者，例如《貨系》一一三〇「舟百△」（圖三），其中△按辭例應是「涅」，卻作「涅」形。不過此字右上方第一橫筆模糊不清，兩豎筆是否出頭很難確定。考慮幣文中絕大部份「呈」與「呈」不混，可將《文編》「涅」分爲二字，A式釋「涅」，B、C二式釋「涅」。

「涅」从「水」，「呈」聲。《廣韻》：「涅，泥也。」

舊釋的讀序也頗有問題，反讀四字銳角布銘文「涅金盧氏」實扞格難通，若順讀「盧氏百涅」，則怡然理順。這也可證明所謂「涅金」之說不足爲信。

銳角布「百涅」可以有兩種解釋：

一．《集韻》上聲四十靜：「涅，通流也。」所謂「百涅」即「百通」，有無所不通之意，疑是古代貨幣流通中的「吉語」（注七）。這類「吉語」亦見齊即墨刀背文「大行」（《貨幣》二五三一）。「百」與「大」均有「多」義；「涅」與「行」均指貨幣通行，二者的文意頗近。

二．「涅」讀「盈」。《管子．宙合》：「詘信涅濡。」王念孫云：「涅當作逞，濡當作偄，皆字之誤也。逞與盈同，偄與緛同。盈緛猶盈縮也。盈縮與詘伸義相因也。」（注八）按，王氏之說甚確，「呈」與「盈」聲系通假例證甚多（注九）。銳角布「百涅」若讀「百盈」，似與後世「百寶大盈庫」有關。檢《舊唐書．食貨志》：「非正額租庸便入百寶大盈庫，以供人主宴私賞賜之用。」《文獻通考》：「唐既有轉運度支，而復有瓊林大盈；宋既有戶部三司，而復有封椿內藏。」唐代「大盈」可能承襲戰國「百涅（盈）」這一詞彙。

盧氏百涅　一二一六

「盧氏百涅」（圖二）。「盧氏」，地名。《水經·洛水注》引《竹書紀年》：「晉出公十九年，晉韓龍取盧氏城。」在今河南盧氏，地屬魏、韓、秦三國交壤。春秋屬周、晉，戰國先後屬晉、魏、韓、秦等國。《貨系》原始布「盧氏」（二九）爲周幣，空首布「盧氏」（五七八）爲周幣或晉幣，橋形布「盧氏半釿」（一四三五）爲魏幣（注十），銳角布「盧氏百涅」（一二一七）爲韓幣。（《辭典》八二四「盧氏百涅」類空首布，碩大無朋，眞僞待考。）《國策地名考》「魏地圖」和「韓地圖」中均有「盧氏」（注十一），這種處理十分正確。

舟百涅　一二二〇

「舟百涅」（圖三）。「舟」，以往多釋「洮」，無據。或釋「俞」之省，亦欠精確。筆者在另文中已釋爲「舟」，並指出地見《國語·鄭語》注（注十二）。近見有文也釋此字爲「舟」，然而讀「州」（注十三）。

檢《路史·後記》四：「伊、列、舟、駘、淳、戲、怡、向、州、薄、甘、隋、紀，皆姜國也。」又：「州，杞滅之；舟、駘、戲、薄，至周猶在列。」此「舟」與「州」爲兩地之證。關於「舟」的地望雖不能確指，但據《國語·鄭語》：「十邑皆有寄地。」注：「十邑，謂虢、鄶、鄔、蔽、補、舟、依、柔、歷、華也。後桓公之子武公竟取十邑之地而居之，今河南新鄭是也。賈侍中云：寄地，寄止。」知其地應在今河南新鄭附近。因此銳角布「舟」的地望，不必破讀求之，即《國語》注之

「舟」。

《貨系》二二八六著錄一枚方足小布（圖四），舊釋「洮」或「渝」，均不可信。筆者在另文中已改釋「㴆」，與銳角布「舟」爲同一地名（注十四）。近見有文讀「州」（注十五），或讀「樊」（注十六）。

「㴆」，殷周文字讀「盤」，見《管子·小問》；戰國文字則讀「舟」，見《集韻》，「㴆」讀「之由切」。燕國文字「㴆」習見。例如《璽彙》〇三六三「㴆汕」即「朝鮮」，見《史記·朝鮮列傳》集解（注十七）。《河北》九二矛銘「㴆州」即「郍州」，見《水經·濕水注》（注十八）。燕王職戟（《文物》一九八二年八期圖版捌）背銘「㴆州」，顯然也是「㴆州」，即「郍州」。「郍」則見邢丘所出陶文「郍公」（《文物》一九八二年七期七頁）。或據同地所出陶文「邢丘」，謂「郍」是「州」的同音字。按，「郍」若讀「州」，則上引《水經注》之「郍州」即頗難解釋。至於或讀「郍」爲「樊」，輾轉通假，尤不足信。

筆者以爲方足布「㴆」與陶文「郍」均从「舟」得聲，例可讀「舟」，即上文所引《國語》注、《路史》之「舟」國。羅泌舊說應有所本。新鄭距邢丘不遠，均屬韓國（《韓世家》昭侯「六年，伐東周，取陵觀、邢丘」）。因此「邢公」與「郍公」陶文出土同一遺址並不奇怪。至於方足布「㴆」與銳角布「舟」的繁簡之別，參見尖足布「榆即」或作「俞即」（注十九）、尖足布「壽陰」方足布作「壽金」（注二十）等。

容　一二三二

「容」（圖五）。舊多釋「公」，謂其有「公平之義」（注二一）。或釋「谷」（注二二）。

舊釋「公」，顯然是將「公」兩側的斜線理解爲紋飾。檢銳角布銘文爲二字（「百浧」）、三字（「舟百浧」）、四字（「盧氏百浧」）者，中間均有一直線爲界欄；銘文爲一字者（「垂」）則無界欄。此布僅一字，其「公」旁兩側斜線應是筆劃，釋「谷」者大概就是這樣理解的。不過「谷」下从「口」，與此字尚有不合。

按，古璽文字有借用印面邊框爲筆畫的現象，貨幣文字亦偶見借用幣緣爲筆畫者，例如《貨系》「安」（一二八三）、「瞌」（四〇九四）等。如果將圖五銳角布首部上緣理解爲橫筆，再加上「公」兩旁斜筆，則可與《說文》「容」之古文相比較：

在六國文字中，這類「容」之古文頗爲習見，姑舉四例：

公朱右官鼎　　望山簡

陶彙六·八三　　璽彙一〇六九

分析其結構，則是从「宀」从「公」得聲的形聲字。「容」、「公」音近，聲系亦相通（注二三），故「容」本从「公」得聲。古文字「宀」與「穴」旁往往可以互換，ㅁ形又易訛爲ㅂ形，故秦文字之「容」訛从「口」形：

容　陶彙五·二三〇　容　秦簡五五四

嗣後爲小篆所承襲。許慎據秦漢字形分析「容」爲「从宀、谷」，已失其初誼。如果以上分析不誤，「公」銳角布可更名「容」銳角布。退一步說，此字即使從舊釋爲「公」，亦可讀「容」。因爲「容」本來就从「公」得聲。

「容」，古許國都城。《春秋·定公四年》：「許遷于容城。」顧棟高云：「在今南陽府葉縣西。」（注二四）在今河南魯山東南楚方城以北附近。此大概是銳角布鑄行地域的南限。又韓國陶文「容城」（《陶彙》六·八三），可與韓國銳角布互證。

垂　一二四〇

「垂」（圖六）。原篆下从「山」，應隸定「崜」。《集韻》：「崜，山皃。」銳角布「崜」舊均讀「垂」，可信。

《貨系》著錄橋形布「⿱宀垂」（一三七三）與銳角布「崜」雖均可讀「垂」，但其文字結構、形制、國別均不同，詳下文。至於橋形布「⿰山每」（一四〇九），與銳角布「崜」更毫不相干，凡此已在另文討論（注二五），茲不贅述。

關於「垂」的地望，舊說多以《春秋，隱公八年》「春，宋公、衛侯遇于垂」當之。在今山東曹縣附近。按，「垂」戰國一度屬魏境，橋形布「⿱宀垂」（《貨系》一四〇九）舊多讀「垂」，以爲即曹縣之「垂」。若以橋形布國別及「垂」之地望驗之，十分吻合。然而銳角布「垂」與「⿱宀垂」無關，當於韓國境內求之。

檢《路史．後記》卷下記載夏桀「始遷於垂。」又該書《餘論》卷十：「桀遷于垂。所謂天門在澤之晉城太行之上天井關也。《地志》言在高都。《通典》云：關南有大井泉三，今謂之百巖，可容百家。關在井北，故又云百家。《戰國策》謂桀之居，左天門之險，右天險之阨，是矣。吳起曰：夏侯之居，左河濟，右太華，伊闕在其南，羊腸在其北。」又檢《戰國策．魏策》一：「夫夏桀之國，左天門之陰。鮑彪注：「《後志》高都有天井關。」」《元和志》：「天井關在晉城縣南四十五里太行山上。」「高都」在今山西晉城，隸《漢書，地理志》上黨郡。王先謙云：「戰國魏地，秦莊襄王拔之，見《秦紀》亦云韓邑，見《淮南子》高注。」（注二六）「高都」既然一度屬韓，其南四十五里的「垂」理應屬韓。（銳角布「垂」原篆下从「山」，似乎與其地在太行山內有關）。

小結

總之，銳角布「垂」不在山東曹縣，而在山西晉城南四十五里古「天井關」。

綜上對五種銳角布銘文的考察，可知銳角布應是韓國貨幣。結論如次：

一．「百涅」本是貨幣流通的吉語，後來演化爲藏錢府庫之名。「百涅」銘文是檢驗韓幣的可靠標尺。

二．「盧氏」、「舟」、「容」、「垂」四地戰國時期均屬韓境，「舟」的確切地望不詳，其它三地的具體地望均見文獻記載。「容」和「盧氏」可能是銳角布流通的南限和西限。以上四地基本夠畫出韓國疆域的四至（見文後「銳角布分佈圖」）。

三．銳角布出土地，諸如鄭州、洛陽、陝縣、輝縣、淇縣、新鄭等地（《貨系》一一五〇—一一五一），多屬韓國範圍，這也是銳角布屬韓國的重要佐證。

四．銳角布、橋形布均有「盧氏」，這似乎說明銳角布應是晚於橋形布的韓國貨幣。橋形布是梁惠文王遷都大梁以前的魏國貨幣，屬戰國早中期。銳角布則可能是戰國中期貨幣，但比方足小布偏早。

五．戰國三晉地區普遍流行布幣，其中韓國銳角布、趙國尖足布和圓足布（含三孔布）、魏國橋形布最富地域特點。

注釋：

一．鄭家相《中國古代貨幣發展史》六三頁，三聯書局，一九五八年。
二．汪慶正《中國歷代貨幣大系·總論》二三頁，上海人民出版社，一九八八年。
三．高煥文《癖泉臆說》，引《辭典》三〇頁。
四．劉體智《善齋吉金錄》，引《辭典》四八頁。
五．何琳儀《戰國文字通論》一〇九頁，中華書局，一九八九年。
六．何琳儀《百邑布幣考》，《史學集刊》一九九二年一期。
七．同注五。
八．王念孫《讀書雜誌》中冊六五頁，北京市中國書店，一九八五年。
九．高亨《古字通假會典》四九—五〇頁，齊魯書社，一九八九年。王輝《古文字通假釋例》四一八—四一九頁，臺北藝文印書館，一九九三年。
十．何琳儀《橋形布幣考》，《吉林大學學報》一九九二年二期。
十一．程恩澤《國策地名考》卷首一四、一六頁，粵雅堂叢書。
十二．何琳儀《古幣文編校釋》，《文物研究》六輯，一九九〇年。
十三．裘錫圭《古文字釋讀三則》，《徐中舒先生九十壽辰紀念論文集》一二頁，一九九〇年。
十四．同注十二。
十五．同注十三。

十六．李家浩說，引注十三。

十七．何琳儀《釋洀》，中國古文字研究會第八屆年會論文，太倉，一九九〇年。

十八．何琳儀《韓國方足布四考》，《陝西金融》錢幣專輯（十八），一九九二年。

十九．裘錫圭《戰國貨幣考（十二篇）》，《北京大學學報》一九七八年二期。

二十．何琳儀《尖足布幣考》，《陝西金融》錢幣專輯（十六），一九九一年。

二一．同注一，六三頁。

二二．朱活《古錢新探》六六頁，齊魯書社，一九八四年。

二三．同注九，八頁。

二四．顧棟高《春秋大事表》，《清經解續編》五一三頁，上海書店，一九八八年。

二五．同注十。

二六．王先謙《漢書補注》六八三頁，中華書局，一九八三年。

《中國錢幣》待刊

編後記：

近王貴忱先生惠贈銳角布新品彩色照片，係澳門陳萌先生所藏，銘文三字：

合斤　百浧

首字應釋「亳」。《書．立政》「三亳阪尹」，正義引鄭玄云：「湯舊都之民服文王者，分爲三邑。其長居險故言阪尹，蓋東成皋、南轘轅、西降谷也。」按，成皋和轘轅分別在今河南滎陽西北和登封西北，戰國屬韓境。

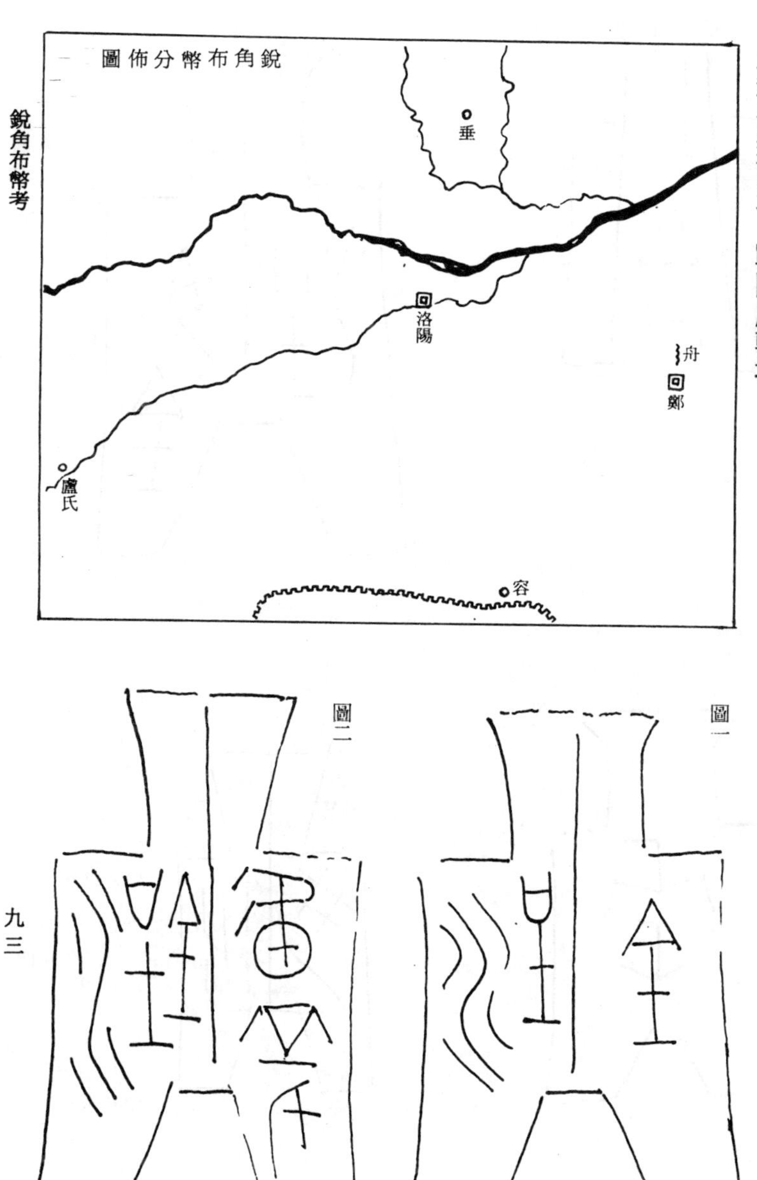

圖一

圖二

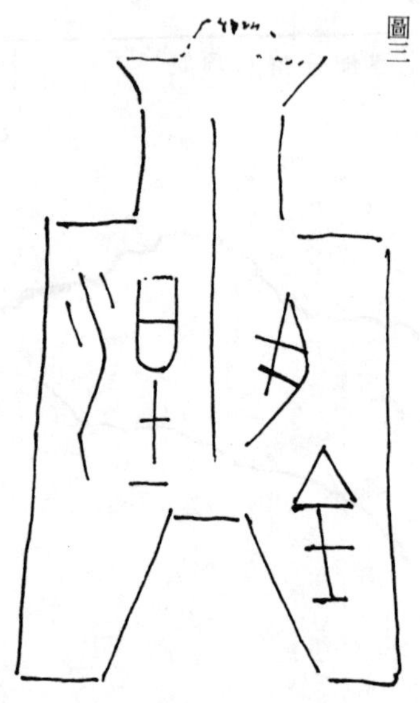
圖三

圖五

圖四

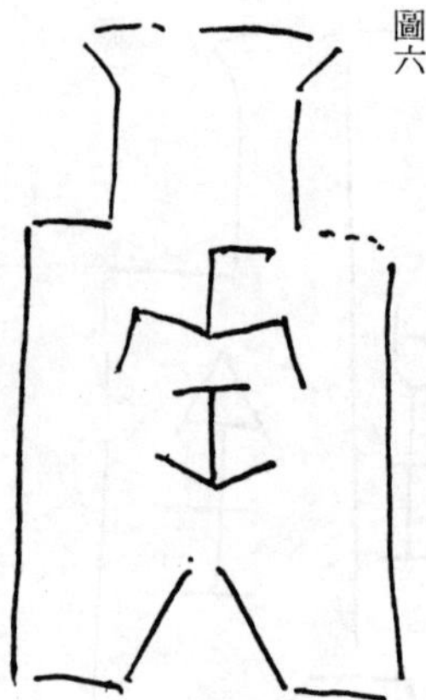
圖六

韓國方足布四考

尙子

《辭典》二九九著錄一品方足布，銘文二字。或釋「鄍子」（注一），即山西平陸之「鄍城」（注二）。檢空首布「冥」作：

辭典六七二

據《說文》，「冥」从「冖」，从「日」，从「六」，知空首布「冥」乃《說文》「冥」之省簡。若將方足布左字與空首布「冥」相互比較，殊少共同之處，故二者決非一字。

檢《文編》「尙」作：

一一三　一一四

可與方足布左字上部類比。至於此幣銘「尙」字所从形演變作△形者，參見《文編》「向」作：

二八〇

以此例之，方足布左字可隸定「⿱尙廾」，與長沙楚帛書「不得其⿱尙廾（當。注三）」的「⿱尙廾」作：

無疑應是一字。「⿱尙廾」从「尙」得聲，例可讀「尙」。

「尙子」即「長子」。《水經．濁漳水注》引《竹書紀年》梁惠成王「十二年，鄭取屯留、尙子、涅。尙子，即長子之異名也。」饒有興味的是，方足布已有「長子」（《東亞》四．三四），「⿰長阝子」（《貨系》一四九五）。「⿰長阝」顯然是「長」的地名專用字，地名加「邑」旁，戰國文字習見。「尙」則是「長」的假借字。古璽「⿱⺌長」（《璽彙》二〇五四）从「尙」省，从「長」，是「尙」、「長」音近可通之佳證。「尙子」、「長子」實則一地，在今山西長子西南。同一地名在貨幣銘文中采取不同的寫法，頗值得注意。

長子，地處素有「天下之脊」的上黨郡，戰國曾先後屬韓、趙兩國。《國語．晉語》：「智伯攻趙，襄子將出。從者曰：長子近，且城厚完。」此長子屬趙之證。《史記．趙世家》：成侯「五年，韓與我長子」，此長子屬韓之證。「長子」和「⿰長阝子」方足布出土地點，諸如河北靈壽、內蒙涼城、山西祁縣、朔縣、陽高、定襄、交城等地（注四），戰國均屬趙境。因此這類方足布應是戰國貨幣。「尙子」方足布爲傳世品，則有可能是韓國貨幣。《趙世家》固然可以說明「長子」一度屬韓。《竹書紀年》作「尙子」，則尤能說明問題。眾所周知，《竹書紀年》本是戰國時代魏國的竹簡文字，經西晉學者整理而成爲傳世隸定本，其書寫者應是魏國人。魏、韓兩國由於地理位置甚近，文化關係密切。因此，韓方足布銘文將趙方足布銘文「長子」寫作「尙子」也就易於理解了。

唐是

《貨系》二二五六—二二六二著錄七品方足布，銘文二字（圖二）。自《東亞》四·四五釋「唐是」以來，已成定論。然而其地望則衆說紛紜，或讀「唐堤」，在河南洛陽東北，屬周境（注五）；或讀「唐氏」，在山西翼城西南，屬魏境（注六）；或讀「銅鞮」，在山西沁縣西南，屬韓境或趙境（注七）。

以上諸說，「唐」雖是地名，但「唐堤」或「唐氏」未見典籍；「銅鞮」見典籍，而「銅」與「唐」相通尙待證明。故「唐是」的地望似有待探討。

按，「唐是」應讀「楊氏」。「唐」與「昜」音近可通。《說文》：「唐，古文作啺。」《左傳·昭公十二年》：「納北燕伯款于唐。」《公羊》、《穀梁》「唐」並作「陽」，均其佐證。「是」與「氏」音近可通。《戰國策·齊策》三：「魏取伊是。」鮑本「是」作「氏」。《史記·田敬仲完世家》：「楚圍雍氏。」漢帛書本「氏」作「是」。《山海經·北山經》：「高是之山。」《水經·滱水注》「是」作「氏」。凡此可證，地名後綴「氏」也可作「是」。故「唐是」即「楊氏」。

「楊氏」見《左傳·昭公二十八年》：「僚安爲楊氏大夫。」注：「平陽楊氏縣。」江永曰：「

《彙纂》今古楊城在平陽府洪洞縣南二里，又名危城村是也。今按，又見襄二十九年楊及二十二年楊。」（注八）在今山西洪洞東南，戰國屬韓境。另外，《漢書，地理志》鉅鹿郡也有「楊氏」，出現較晚，似與方足布「唐（楊）是（氏）」無關。

[八阝]

《貨系》二三七九著錄一品方足布（圖三），上海博物館所藏。原釋「□邑」、其實按戰國貨幣銘文通例，右旁从「邑」之字，「邑」表示城邑，而不讀「□邑」，只讀「□阝」。例如「[負阝]」（負）、「祁」、「部」、「鄔」、「[刅阝]」（梁）、「[弋阝]」、「[堯阝]」（堯）、「[壽阝]」（鑄）等，不勝枚舉。準是，這品方足布銘文也應隸定為一字，即「[八阝]」。

「[八阝]」，字書所無，可讀「汾」。「分」从「八」，「八」亦聲。「八」，幫紐脂部；「分」，幫紐文部。幫紐雙聲，脂文對轉。《爾雅．釋地》：「西至於邠國。」《說文》引作「西至汃」。此「八」與「分」音近之證。

「汾」，見《史記．韓世家》桓惠王「九年，秦拔我陘，城汾旁。」正義：「秦拔陘城於汾水之旁。陘故城在絳州曲沃縣西北二十里汾水之旁也。」按，「汾」為城邑名，見《史記．秦本紀》昭襄王五十二年「十二月，益發卒軍汾城旁。」《韓世家》、《秦本紀》所記為一事，故「汾」即「汾城」，戰國晚期屬韓境。

橋形布「分布」（《貨系》一四四三）之「分」也讀「汾」。戰國前期屬魏，詳另文（注九）。

洀

《貨系》二二八三—二二八九著錄六品方足布，銘文一字（圖四）。舊釋「涿」（注十）、「洮」、「溓」、「河」或「汝水」（注十一）。近或釋「渝」（注十二）。

舊釋均不可信，唯釋「渝」說較爲合理，學者多從之。其實《貨系》九六二已有標準的「楡」字作：

从「木」，从「俞」。「俞」从「余」，从「舟」。「俞」雖从「舟」，但與「舟」畢竟不同。圖四从「水」，从「舟」，自應釋「洀」。

「洀」，殷周文字均讀「盤」（注十三），見《管子·小問》；戰國文字則讀「舟」，見《集韻》「之由切」。戰國文字「洀」習見。例如古璽「洀汕」（《璽彙》〇三六三），即「朝鮮」，參《史記·朝鮮列傳》集解。洀州矛「洀州」（《河北》九二）、燕王職戟「洀州」（《文物》一九八二年八期圖版捌），均應讀「⿰舟阝州」，見《水經·濕水注》陽原縣故城南「北俗謂之⿰舟阝州城」。

「郍」又見邢丘所出陶文「郍公」，或謂「郍無疑是州邑之州的同音字」（注十四）。按，「郍」若讀「州」，上引「郍州」的釋讀則頗難解釋。因此，筆者懷疑方足布「洀」與陶文「郍」均應讀「舟」。

檢《國語·鄭語》：「十邑皆有寄地。」注：「十邑，謂虢、鄶、鄔、蔽、補、舟、依、柔、歷、華也。後桓公之子武公竟取十邑之地而居之，今河南新鄭是也。賈侍中云：寄地，寄止。」《路史·後記》四：「伊、列、舟、駘、淳、戲、怡、向、州、薄、甘、隋、紀，皆姜國也。」又：「州，杞滅之；舟、駘、戲、薄，至周猶在列。」此「舟」與「州」爲兩個截然不同的國名的明證。「舟」的地望雖不能確指，但據《國語》韋昭注應在今河南新鄭附近。新鄭與邢丘不遠，戰國均屬韓境，因此「邢丘」與「郍公」陶文出土同一遺址也就容易理解。

另外，銳角布「舟百涅」（《貨系》一二二〇）之「舟」，也是新鄭附近古國名，詳另文（注十五）。

總之，方足布「洀」即典籍之「舟」，爲古國名，戰國屬韓境。

附記：本文「侚子」、「唐是」、「洀」的釋文，已見拙文《古幣文編校釋》（《文物研究》六輯，一九九〇年），嗣後讀到若干學者的論文，與拙說相同或相近，特此志之。

一九九一年九月

注釋：

一．李佐賢《古泉彙》，引《辭典》下二九。

二．鄭家相《中國古代貨幣發展史》九六頁，三聯書店，一九八五年。

三．李學勤《論楚帛書中的天象》，《湖南考古輯刊》第一輯，一九八二年。

四．《文編》一七四—一七五。《貨系》一一四六—一一四八。

五．同注二，九三頁。

六．《貨系》一一〇七頁。

七．張頷《古幣文編三釋》，中國古文字研究會第八屆年會論文，太倉，一九九〇年。

八．江永《春秋地理考實》，引《清經解》卷二五四第二五四頁。

九．何琳儀《橋形布幣考》，《史學集刊》待刊。

十．吳大澂《說文古籀補》一一．三，中華書局，一九八八年

十一．《辭典》下編二六頁。

十二．裘錫圭《戰國貨幣考》，《北京大學學報》一九七八年二期。

十三．何琳儀《釋㳄》，中國古文字研究會第八屆年會論文，太倉，一九九〇年。

十四．裘錫圭《古文字釋讀三則》，《徐中舒先生九十壽辰紀念論文集》一二頁，一九九〇年。

十五．何琳儀《銳角布幣考》，撰寫中。

原載《陝西金融・錢幣專輯》（十八），一九九二年

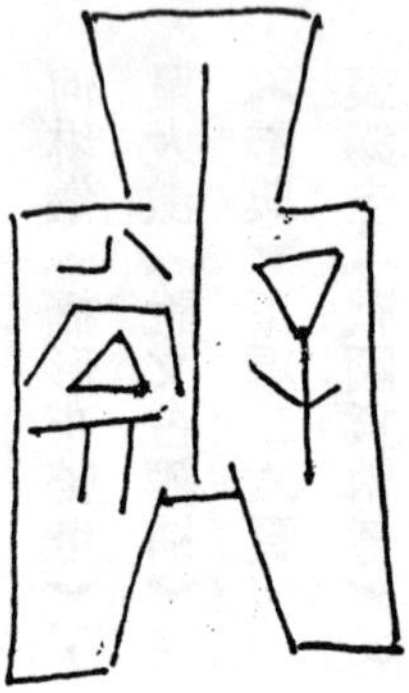

圖一

圖二

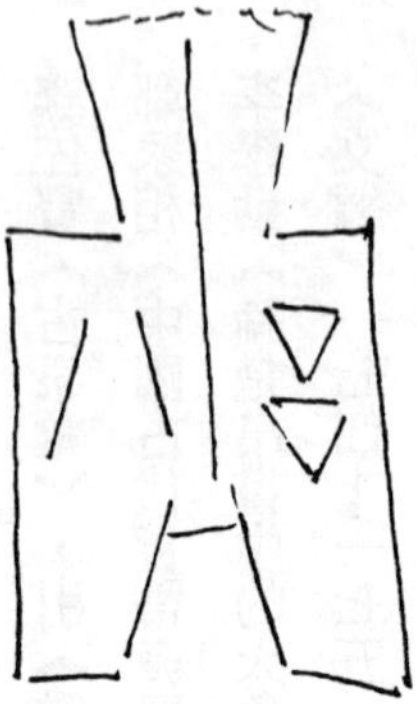

圖三

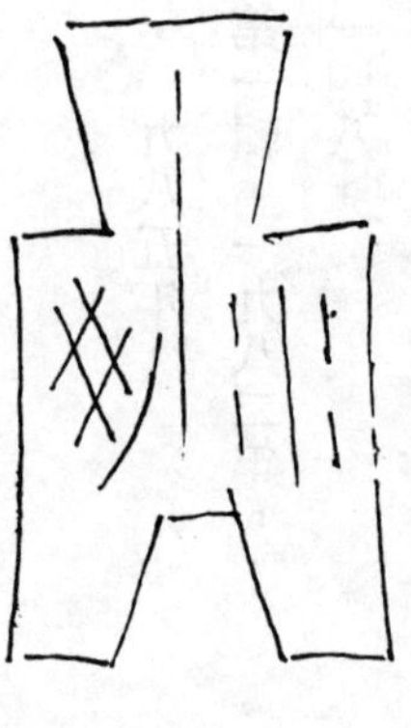

圖四

百邑布幣考——兼述尖足空首布地名

一九六三年，在山西侯馬新田遺址出土一枚聳肩尖足空首布（注一），屬春秋晚期。該幣前所未見，著錄《新探》三一、《貨系》七一一，銘文二字（圖一）。

銘文的讀序，諸家多自右向左讀，釋「邑金」、「玄金」等（注二）。其中「邑」字所釋正確，另一字及讀序均有可商。

首先確定左字，此字戰國文字習見，舊均釋「金」。中山國銅器銘文出土後，這一舊說被明確無疑的辭例所推翻。按，此字應是「百」字異體。戰國文字「百」的形體比較複雜，其中一種作「全」（下文用△號表示），例如：

方數△里	中山王鼎
慈愛△（勉）每（閔。注三）	中山王圓壺
△年	璽彙三二八一
△牛	璽彙四六九五
千△牛	璽彙四七四二

宜又（有）△万　璽彙四〇八七

貨幣銘文也有△字，例如：

梁正幣△尙（當）鋝（注四）　辭典三一八

梁正幣二△尙（當）鋝　辭典三二一

盧氏△涅（盈。注五）　辭典八三四

舟△涅（盈。注六）　辭典一九七

△（伯）陽（注七）　貨系一二〇七

一△　辭典一三一

以上△讀「百」，文意都十分通暢。以此類推，侯馬所出空首布自應釋「百」。有兩點則需要說明：

一．此字中間橫筆稍稍彎曲，屬「彎曲筆畫」現象，戰國文字習見，拙著已有論述（注八）。

二．在戰國文字中，△做爲獨體字時都應釋「百」。只有做爲偏旁出現時，才可以理解爲「金」字省體，如貨幣文字「陰」、「釿」所从△即「金」旁。這是戰國文字奇詭難識的原因之一。

其次確定讀序。自右向左讀固然是貨幣銘文的常例，但是也有變例，即自左向右讀，所謂「傳形」。例如「少曲市中」（七九七）、「郙釿」（七二七）等春秋晚期空首布的讀序就屬變例。至於戰國貨幣銘文中，這類現象更是司空見慣，茲不贅舉。因此，本文所討論的空首布銘文，可以自左向右讀作「百邑」。

「百邑」見《史記．趙世家》：

原過從，後，至於王澤，見三人，自帶以上可見，自帶以下不可見，與原過竹二節，莫通，曰：「爲我以是遺趙毋卹（琳按，即趙襄子）。」原過既至，以告襄子。襄子齊三日，親自剖竹，有朱書曰：「趙毋卹，余霍泰山山陽侯天使也。三月丙戌，余將使女反滅知氏，女亦立我百邑，余將賜女林胡之地，……奄有河宗，至于休溷諸貉，南伐晉別，北滅黑姑　。」襄子再拜，受三神之令，……於是趙北有代，南幷知氏，彊於韓、魏。遂祠三神於百邑使原過主霍泰山祠祀。

値得注意的是，中華書局一九六二年出版的《史記》點校本，在「百邑」旁未加豎線，顯然認爲「百邑」不是地名，而是很多城邑的泛指（《史記及注釋綜合引得》也未收「百邑」辭條）。按，上引《趙世家》涉及的地望多在三家分晉之後趙國境內，諸如王澤、霍泰山、林胡、河宗、休溷、黑姑、代等。因此，與之相關的「百邑」也就有可能是趙境地名。檢《水經．汾水注》在引用《趙世家》之前，已明確地指出「百邑」的地望：

（彘）水又西流，逕觀阜北，故〔百〕邑也。原過之從襄子也……祠三神於百（注九）邑，原過主之，世謂其處爲觀阜也。

《中國歷史地圖集》第一冊三一—三二③b將百邑定位於今山西霍縣東南，應根據《水經注》所載。新出版的《史記地名索引》也以「百邑」爲地名。

上述《趙世家》的記載或涉神怪，然而其中若干地名則十分可靠，霍泰山是趙氏膜拜的神山，山下百邑設有祭祀山神的祠廟，其地位頗爲顯要。「百邑」布的釋讀，說明春秋晚期以來「百邑」已是可以鑄幣的城邑。

下面簡述尖足空首布地名問題。尖足空首布銘文除記數、記物者外，記地名者較少。可以確知地望者，除上文討論的「百邑」外，只有兩種：

一．「甘丹」（《貨系》七〇八），即「邯鄲」，見《左傳．定公十年》：「衛侯伐邯鄲午於寒氏。」《左傳．定公十三年》：「晉趙鞅謂邯鄲午曰：……遂殺午。趙稷、涉賓以邯鄲叛。」顧棟高謂：「杜注：邯鄲，廣平縣，故衛邑，後屬晉，戰國時趙肅侯都此。今直隸廣平府邯鄲縣西南三十里有邯鄲故城。」（注十）。

二．「呂」（《辭典》六五九），舊釋多誤。唯鄭家相釋「呂」（注十一），可信。《後漢書．郡國志》注：「彘縣有呂鄉，呂甥邑也。」《大清一統志》：霍州直隸州「呂鄉，在州西。一名呂州城：……《元和志》呂坡在霍邑縣西南十里，有呂鄉。晉大夫呂甥之邑也。呂州取名於此。」

另外，《貨系》七〇六銘文一字，不識。或釋「共」（注十二），殊誤。《貨系》七〇九銘文五字「平犢（？）冥（？）黃（衡）釿」（圖二）。其中「平犢」疑讀「平陸」，隸《漢書．地志理》西河郡。第二字拓本不清晰，俟親睹原器之後才能論定，誌此備參。

關於尖足空首布的時代和國別，鄭家相曾有所論述：

按，空首尖足布，記地名僅見甘丹與呂二種。甘丹近漳水流域，初爲衛邑，旋入晉；呂近汾水流域，原爲晉地。大抵此布創鑄於漳水流域之衛地，後因其地入晉，而遂擴展至汾水流域之晉地。至戰國之世，汾水流域遂爲平首尖足布之繁殖地。但春秋時，此種空首尖足布限於人民風俗，推行不廣，雖爲時甚久，而所鑄不多也。（注十三）

本文所釋「百邑」與「呂」均在霍泰山附近，如果再結合其它尖足空首布大抵「集中出於太行山南部的兩麓，是晉國（波及衛國）的鑄幣，可以確信無疑。」（注十四）

據上引《左傳》記載，春秋晚期邯鄲由衛國轉入晉國，但不能據此得出這類布幣「創鑄於漳水流域之衛地」的結論。我們傾向這類布幣是春秋戰國之際晉國趙氏的鑄幣。這是因爲：

一．「甘丹」、「百邑」等地望與趙氏有關。

二．「百邑」幣出土新田遺址屬秋晚期。

三．戰國中期，趙國流行聳肩尖足平首布，銘文均爲地名，諸如「甘丹」、「晉陽」、「離石」、「榆即（次）」等。聳肩尖足空首布與聳肩尖足平首布形制相似，流行同一區域，二者淵源遞變關係十分明顯。

總之，聳肩尖足空首布很可能是三家分晉以前趙氏的鑄幣。

注釋

一．朱活《古錢小辭典》，《文物》一九八一年二期。
二．朱活《古錢新探》三〇頁，齊魯書社，一九六五年。
三．何琳儀《中山王器考釋拾遺》，《史學集刊》一九八四年三期。
四．李家浩《戰國貨幣文字中的幣和比》，《中國語文》一九八〇年五期。
五．何琳儀《戰國文字通論》一〇九頁，中華書局，一九八九年。
六．何琳儀《釋淅》，中國古文字研究會第八屆年會論文，太倉，一九九〇年。
七．何琳儀《尖足布幣考》，《陝西金融》錢幣專輯（十六），一九九一年。
八．同注五，二一八頁。
九．王國維《水經校注》二〇七頁據宋本補，上海人民出版社，一九八四年。
十．顧棟高《春秋大事表》，《清經解續編》卷八〇，上海書店，一九八八年。
十一．鄭家相《中國古代貨幣發展史》五〇頁，三聯書店，一九五八年。
十二．同注二，三〇頁。
十三．同注二，三五頁。

原載《史學集刊》一九九二年一期

圖一

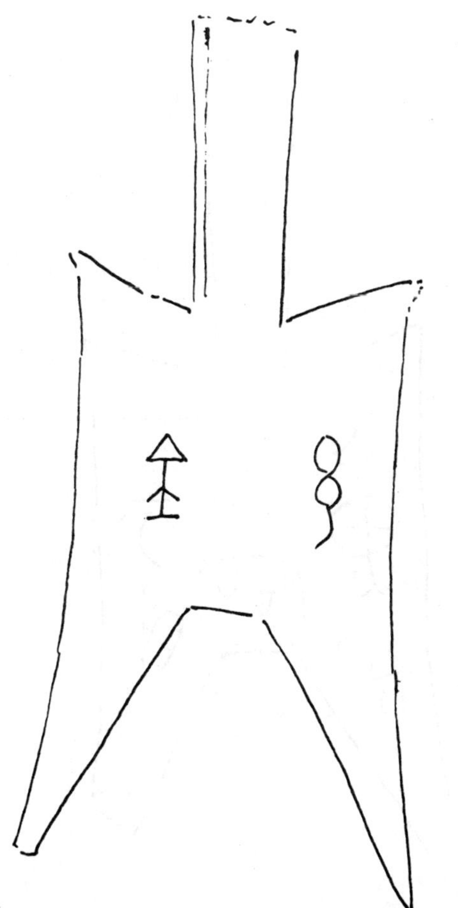

圖二

剌人布幣考

一九九二年，中國錢幣博物館在山西省運城地區聞喜縣和夏縣交界處徵集枚空首尖足布新品。錢卓、車新亭撰文介紹，並附簡釋（注一）。

該布右上角有銘文（圖一），其位置與「甘丹」空首尖足布相同。銘文或釋「朿」，讀「涑」，並不可靠。錢、車之文釋「剌」讀「列」，以爲即地名「列人」之簡稱，頗有見地，然仍有可補充者。

檢《金文編》四二四頁「剌」或作：

與布幣銘文形體最近。然「剌」右从「刀」，布幣銘文則明顯从「人」。爲了解決這一矛盾，同時參考重要典籍有「列人」地名的記載，筆者懷疑布幣銘文非一字，而是「剌人」合文。

「刀」與「人」的形體筆勢一般說來並不混淆，但形體畢竟相近。因此在合文中「人」也可借用爲「刀」旁。這一現象與合文中之 口 與 甘 形借用十分相似：

部 [古文字] 文物一九八六・三・四三 [古文字] 錄遺五九九

踦 [古文字] 小篆 [古文字] 璽彙〇一四八

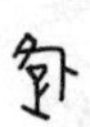

路 [古文字] 史懋壺 [古文字] 璽彙〇一四八

嗣 [古文字] 曾侯乙編鐘 [古文字] 平安君鼎（注二）

「剌人」這類合文，可稱之爲「合文借用形體」（注三），例如：

大夫 [古文字]

子孫 [古文字]

寡人 [古文字]

之歲 [古文字]

「剌人」即屬此類合文，只不過未加合文符號而已。具體而言，此字先讀「剌」，然後再讀其右旁「人」。貨幣文字中偶見合文，諸如「行昜」、「高安」、「榆即」、「一百」等。但「剌人」之類的合文似屬首見，值得注意。

如果以上分析不誤，空首尖足布「剌人」合文可直接讀「列人」。「剌」、「列」音近可通。西周金文「剌」習見，均讀「烈」。中山王鼎「剌城數十」正讀「列城數十」。《說文》「[古文字]讀若剌」，均其佐證。

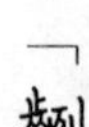

列人，見《水經・濁漳水注》引《竹書紀年》曰：「梁惠成王八年，惠成王伐邯鄲，取列人。」

《漢書·地理志》隸屬廣平國，在今河北肥鄉東北十五里。春秋戰國之際，列人無疑屬晉國趙氏。

迄今爲止，空首尖足布銘文中至少有七個地名（注五）：

甘（邯）丹（鄲）　貨系七〇八

呂　辭典六五九

百邑　貨系七一一

剌（列）人　中國錢幣一九九三·二·四九

平犢（？）　貨系七〇九

共（？）　貨系七〇六

它（？）　中國錢幣一九九四·二·五五

除了最後三地名尙待研究外，其餘四地名已可落實，均屬趙氏領地。

一九九三年十二月

注釋：

一．錢卓、車新亭《山西出土剌字聳肩尖足空首布》，《中國錢幣》一九九三年二期。

二．何琳儀《平安君鼎國別補證》，《考古與文物》一九八六年五期。

三．何琳儀《戰國文字通論》一九三頁，中華書局，一九八九年。

四．王輝《古文字通假釋例》七四四頁，臺北藝文印書館，一九九三年。

五・李學勤《東周與秦代文明》三一〇頁引胡均《古泉集拓》著錄「同」字空首尖足布，疑讀「桐」。《書・大甲・序》：「大甲既立不明，伊尹放諸桐。」因未見原拓，誌此備參。

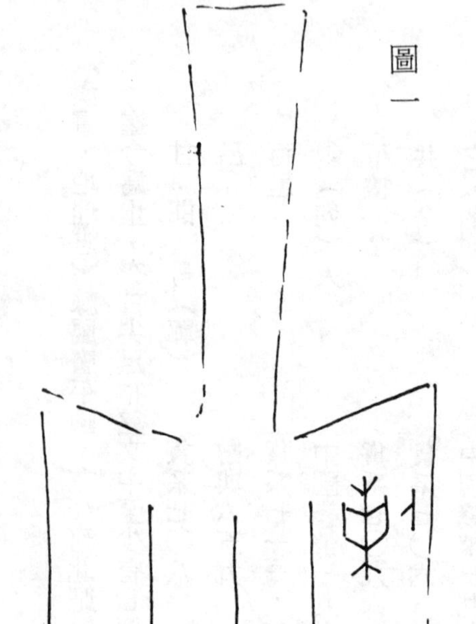

圖一

空首尖足布分佈圖

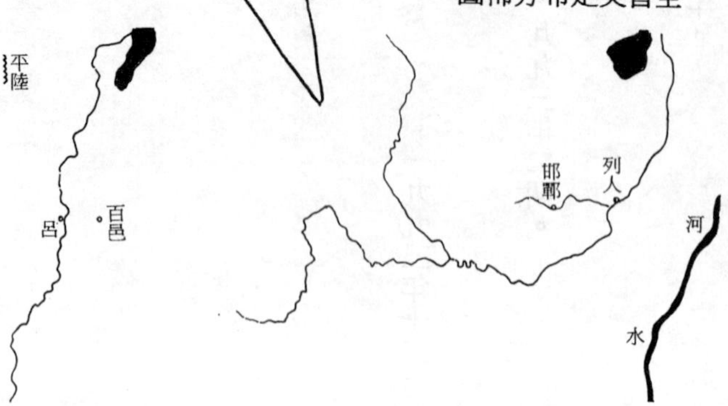

尖足布幣考

一九八六年，陝西省神木縣發現一批戰國尖足平首布，計有霍人、膚虎、壽陰、陽也、西都、茲氏、城襄、平陶、平州、離石、博等十三種（注一）。其中「博」爲首次發現，出土地與國別吻合，相當重要。這批布幣證明，戰國中期趙國一度控制陝北，與文獻記載一致。

尖足布一般都認爲是趙幣，包括聳肩尖足平首布和平肩尖足平首布兩大類（尖足空首布乃春秋晚期貨幣，不在本文討論之列，詳見另文。注二）。類方足布和類圓足布從銘文中地名分析，也可定爲趙幣（詳下文）。《貨系》將三者並爲一類，頗有見地。本文擬就已公布的尖足布（包括類方足布和類圓足布）材料，討論其地名釋讀問題。

下面按《貨系》序號逐一箋證，不見《貨系》者附於文後，無地名者不論。

一·「閃」（七一三），从「火」，「門」聲。「藺」亦从「門」聲（注三）。故「閃」可讀「藺」，其地見《史記·趙世家》：武靈王「十三年，秦拔我藺。」《漢書·地理志》隸西河郡，在今山西離石西。

二·「茲氏」（七三二），見《史記·樊酈滕灌列傳》：「益食茲氏。」《地理志》隸太原郡，在今山西汾陽南。

三．「茲」（八一二），「茲氏」之省。其中「氏」爲地名後綴，典籍習見。又《史記．建元以來王子侯者年表》有「茲」國，疑即「茲氏」之省，與幣文相合。

四．「大陰」（八一五），即「大陰」，疑典籍之「陰」。《左傳．僖公十五年》：「晉陰飴甥會秦伯。」注：「陰飴甥即呂甥也，食采於陰。」地在今山西霍縣南。「陰」之稱「大陰」，猶「梁」亦稱「大梁」。

五．「邪」（八七六），疑《地理志》上郡「推邪」之省（新莽名「排邪」）。呂吳調陽云：「今葭州。邪通牙，鋸也。黑龍水西受黑水直鄉川，東南注河，象推鋸也。」（注四）地在今陝西榆林一帶。按，此說可備一解。又「邪」與「葭」音近，後世「葭州」之「葭」也可能緣「邪」而音變。

六．「甘丹」（八九四），讀「邯鄲」，見《左傳．定公十三年》：「以邯鄲叛。」顧棟高云：「杜注：邯鄲，廣平縣。故衛邑，後屬晉。戰國時趙肅侯都此。」（注五）地在今河北邯鄲西南。

七．「晉昜」（九〇三），即「晉陽」，見《左傳．定公十三年》：「趙鞅入于晉陽以叛。」戰國早期爲趙國都城，《地理志》隸太原郡，在今山西太原南。

八．「榆即」（九四八），讀「榆次」（注六），見《水經．洞過水注》引《竹書紀年》：「梁惠成王九年，與邯鄲、榆次、陽曲、陽邑。」《地理志》隸太原郡，在今山西榆次北。

九．「昜匕」（九八〇）（圖一），舊均讀「陽化（貨）」，殊誤。據三孔布「上曲陽」之「

曲」作𠃉ㄋ（《貨系》二四六五。注七），知「ヒ」應釋「曲」。「昜曲」亦見趙國矢括（《三代》二〇・五七・三）。《地理志》隸太原郡，在今山西定襄東。

十・「昜邑」（九八二），即「陽邑」，見上「楡即」條所引，在今山西太谷東北。

十一・「膚虎」（九八四），讀「慮虒」（注八），《地理志》隸太原郡，在今山西五臺東北。

十二・「□止」（一〇〇〇）。首字拓本不清晰，唯存「糸」旁，疑「繁」字。「繁止」讀「繁時」，見《地理志》雁門郡，在今山西渾源西南。

十三・「武平」（一〇〇一），見《趙世家》：惠文王「二十一年，趙徙漳水武平西。」正義引《括地志》云：「武平亭今名渭城，在瀛州文安縣北七十二里。」在今河北文安北。戰國屬燕，也一度屬趙。

十四・「武安」（一〇〇二），見《戰國策・秦策》：「封爲武安君。」注：「武安，趙邑。」《趙世家》：「幽繆王三年「封牧爲武安君。」」《地理志》隸魏郡，在今河北武安西南。

十五・「北茲」（一〇二七），疑即上文之「茲氏」，或「茲」。「茲」稱「北茲」，猶如「宅陽」一名「北宅」（《史記・穰侯列傳》正義引《竹書紀年》）。

十六・「中陽」（一〇三四），見《趙世家》：惠文王十四年「與秦會中陽」。《地理志》隸西河郡，在今山西中陽。

十七・「西都」（一〇四二），見《趙世家》：武靈王「十年，秦取我西都及中陽」（注九），

《地理志》隸西河郡，當在中陽附近，確切地望不詳。

十八·「壽陰」（一〇五四），即「壽陰」，其地望諸家之寮 嶆酟尷「，或謂「平壽之陰」（注十），或謂「山西壽水之南」（注十一），均非是。按，「壽」與「周」音近可通。《詩·小雅·吉日》：「既伯既禱。」《說文》作「既禡既禂」。《史記·龜策列傳》：「上有擣蓍。」索隱：「擣，古稠字。」《爾雅·釋訓》：「幬謂之帳。」釋文：「幬本或作惆。」均其佐證。故「壽陰」可讀「雕陰」。檢《魏世家》：襄王「五年，秦敗我龍賈軍四萬五千於雕陰。」正義：「《括地志》云：雕陰故城在鄜州洛交縣北三十里，雕陰故城是也。」《地理志》隸上郡，在今陝西富縣北。戰國前期，雕陰屬魏。然而據《魏世家》：襄王七年（當是惠王後元七年）「魏盡入上郡於秦。」則雕陰後來屬秦。又檢《趙世家》：惠文王元年，主父「西北略胡地，而欲從雲中、九原直南襲秦，於是詐自為使者入秦。」可見當時趙與秦在河西已有交壤。因此，雕陰一度屬趙是完全可能的。

十九·「𦽽石」（一〇六〇），即「離石」，見《趙世家》：肅侯二十二年「秦殺疵河西，取我藺、離石。」《地理志》隸西河郡，在今山西離石。

二十·「于」（一〇六五），讀「盂」，見《左傳·昭公二十八年》：「孟丙為盂大夫。」《地理志》隸西河郡，在今山西陽曲北。

二一·「亲成」（一〇七三），讀「新城」，見《秦本紀》：莊襄王三年「攻趙榆次、新城、狼孟。」在今山西朔縣南。

二二・「亲□」（一〇八二），疑「新城」之殘。

二三・「大亓」（一〇八三），讀「大箕」，即「箕」，見《春秋・僖公三十二年》：「晉人敗狄于箕。」注：「太原陽邑縣南有箕城。」在今山西太谷東。

二四・「藿人」（一〇八四），讀「霍人」，見《左傳・襄公十年》：「使周內史選其族嗣納諸霍人。」注：「晉邑。」即《地理志》太原郡「葰人」（參《史記・高帝本紀》正義），在今山西繁峙東南。

二五・「成襄」（一〇九四）（圖二），舊讀「啇城」，釋字和讀序牡 。此品正讀、反讀皆有之，今從《辭典》四四五、四四六自左順讀。七十年代，北文已釋貨幣文字爲「襄」（注十二），今仍有讀「啇」者，蓋疏於形體分析，不可不辨。茲列戰國文字「襄」如次：

璽彙〇〇〇四　璽彙一三五八

陶彙九・五〇 　文編二七一

値得注意的是，陶文「城襄」與幣文「成襄」均自右讀（注十三），辭例吻合。至於貨幣文字「襄」還有若干異體，試比較下列各形：

一〇九四 → 一〇九三 →  一〇九九 →  一〇九〇

其嬗變之迹相當明顯。「襄」與「鄉」音近可通。《左傳・莊公三十二年》「鄉者」，《史記・魯世家》引「鄉」作「曩」。《史記・始皇本紀》「非及鄉時之士也」，《漢書・陳勝傳》引「鄉」作「

曩」，均其佐證。故「成襄」可讀「城鄉」。《地理志》隸廣平國，確切地望不詳。

二六・「襄平」（一一〇九）。「平」字有所省簡，參方足布「平⿱宀缶」之「平」（《貨系》一一一三、一一二〇、一一五四）。「襄平」又見《璽彙》〇一二五，地望不詳。疑與《地理志》趙國之「襄國」有關。

二七・「襄洹」（一一一一）（圖三），上海博物館所藏，原釋「商烏」。經目驗「洹」之筆畫比較清晰，並非「烏」字。「襄洹」讀「襄垣」，《地理志》隸上黨郡，在今山西襄垣北。方足布「𢽺垣」（《貨系》一六一一）亦讀「襄垣」。《韓世家》：桓惠王「十年，秦擊我於太行。我上黨郡守以上黨郡降趙。」可見上黨郡一度屬韓，也一度屬趙。故尖足布「襄洹」爲趙幣，方足布「𢽺垣」爲韓幣。

二八・「平⿱宀缶」（一一一二），即「平陶」，《地理志》隸太原郡，在今山西文水西南。舊釋「平周」，殊誤。

二九・「平州」（一一四九），見《路史・國名紀》：「平州在汾州介休縣西。」按，「州」與「周」音近可通，典籍習見，例不備舉。「平州」即「平周」，見《魏世家》：襄王十三年「秦取我曲沃、平周。」《地理志》隸西河郡，在今山西孝義西南。平周地處魏、趙交壤，應一度屬趙。

三十・「郛」（一一八四），見《地理志》雁門郡，在今山西神池東北。

三一・「郛昜」（一一九四），參上條。

三二·「陽也」（一二〇二）（圖四），舊反讀「文陽」，可疑。「也」與方足布「貝也」之「也」相同（注十四）。「陽也」讀「陽地」，見《史記·田敬仲完世家》：「夫有宋、衛之陽地危。」集解：「陽地，濮陽之地。」在今河南濮陽一帶。戰國中期，趙國曾佔領衛國部份土地，如《趙世家》：敬侯四年「築剛平以侵衛」，成侯十年「攻衛取甄」。故「陽地」一度屬趙，自是情理中事。

三三·「百陽」（圖五）。《奇觚》一二·二五反讀「陽金」，謂：「陽地之金，猶涅金也。陽，陽邑。」按，貨幣文字「[glyph]」形習見，均應釋「百」（注十五），舊釋「金」不確。「百陽」讀「伯陽」，見《趙世家》：惠文王「十七年，樂毅將趙師攻魏伯陽」，正義：「《括地志》云：伯陽故城一名邯會城，在相州鄴縣西五十五里，七國時魏邑，漢邯會城。」地在今河東安陽西北。其地屬魏、趙交壤，應一度屬趙。另外，《開元占經》卷一一三引《竹書紀年》有「碧陽君」，「碧陽」即「伯陽」。

三四·「尹城」（一二〇八）（圖六），《奇觚》一二·二五反讀「城父」，字形和讀序牴。戰國文字「父」作[glyph]（中山王方壺），「尹」作[glyph]（《璽彙》一二九八），形體判然有別。璽文與幣文吻合，自應釋「尹」。《通志·氏族略·以邑爲氏》：「尹氏，少昊之子封於尹城，因以爲氏，子孫世以爲周卿士，食采於尹。」據《路史·國名記》：「尹，般之封，今汾州。鄭樵說故尹地，及周爲尹氏采（有吉甫墓）。」汾州戰國屬趙，故尹城應屬趙境。

三五·「日」（一二〇九）（圖七），讀「涅」。「涅」據《說文》「从水、土，日聲」，可資佐證。「涅」，見《水經・濁漳水注》引《竹書紀年》：「梁惠成王十二年，鄭取屯留、尙子、涅。」即《地理志》上黨郡「涅氏」，在今山西武鄉西北。戰國屬韓，也一度屬趙。尖足布「日」爲趙幣，方足布「涅」則爲韓幣。類似現象除上引尖足布「襄洹」（趙）與方足布「敦垣」（韓）外，還有方足布「長子」（趙）與「尙子」（韓），方足布「平陰」（趙）與「坪陰」（燕）（注十六）。這顯然是由於國別不同所致。

三六・「鄤⿰九阝」（一二一一）（圖八）。「鄤」見《集韻》：「鄤，鄤。《說文》屬廣漢鄉也。或从曼。」又《左傳・成公三年》：「使東鄙覆諸鄤。」，鄭地名。「⿰九阝」，見《侯馬》三〇五，爲古姓氏，《汗簡》以爲「⿰忄首」字異文。幣文「鄤⿰九阝」應讀「𧮰䜺」。从「邑」者表示城邑，从「谷」者表示山谷，義本相通。檢《集韻》「𧮰䜺」凡兩見：

上谷亭名（平聲二十二元）

亭名，在上艾（平聲二十六桓）

一般說來，戰國上谷應屬燕境，上艾則屬趙境。尖足布爲趙幣，故其銘文「鄤⿰九阝」應爲上艾之「𧮰䜺」。檢《顏氏家訓・勉學》：

吾嘗從齊王幸并州，自井陘關入上艾縣，東數十里，有獵閭村。後百官受馬糧，在晉陽東百餘里亢仇城側。并不識二所本是何地，博求古今，皆未能曉。及檢《字林》、《韻集》，乃知獵閭是舊䜲余聚，亢仇舊𧮰䜺亭，悉屬上艾。

上艾在今山西平定東南，戰國屬趙。其地在太行山綿曼水河谷，故「⿰谷曼⿰谷几」二字均从「谷」。至於「⿰谷曼」是否與「綿曼水」有關，待考。昔者顏之推據秦權「隗狀」校勘《史記》「隗林」之誤，傳爲美談。若顏氏得見幣文「⿰谷曼⿰谷几」，歡忭之情又當何如？

三七．「余水」（一二一三）（圖九），讀「塗水」，見《左傳．昭公二十八年》：「知徐吾爲塗水大夫。《地理志》隸太原郡「榆次」下「塗水鄉」，在今山西榆次西南。

三八．「□戒（？）」（一二一四），待考。

下面討論幾種不見於《貨系》的尖足布，見於《辭典》的有：

三九．「皮氏」（三八九），又見方足布（《貨系》一七二三），本魏邑。此品係摹本，筆畫拙劣，疑僞。

四十．「安平」（三九一），見《趙世家》：惠文王四年「公子成爲相，號安平君。」又《樊酈滕灌列傳》：「降曲逆、盧奴、上曲陽、安國、安平。」正義：「安平，安平縣。」《地理志》隸涿郡，在今河北安平。

四一．「郎」（四〇九），舊讀「狼」，以爲「郎孟」之省。按，「郎」應讀「唐」。《水經．滱水注》：「今此城（按，指唐城）於盧奴城北如西六十里，城之西北，泉源所導，西逕郎（注十七）山北。郎唐音讀近，實兼唐水之傳。」此「郎」與「唐」相通之確證。檢《戰國策．齊策》二：「趙可取唐、曲逆。」在今河北唐縣東北。戰國屬燕，後屬趙。

四二．「宁」（四〇一），讀「賈」，春秋古國名。貯子匜（《總集》六八五五）作「貯」（注十八），即《左傳．桓公九年》「賈伯伐曲沃」之「賈」，在今山西襄汾東。汾澮一帶原屬趙，後屬魏。《趙世家》成侯十三年：「魏敗我澮，取皮牢。」可資旁證。

四三．「耴（？）平」（四四七）。《廣韻》：「耴耳，國名。」此品係摹本，眞僞待考。

四四．「莆子」（四六〇），又見方足布（《貨系》一五三九），魏邑。此品係摹本，疑僞。

《發展》載一品尖足布：

四五．「大陽」（一一二），鄭家相以爲「陽邑」。（《地理志》河東郡有「大陽」，但屬魏不屬趙。）

《新探》載一品尖足布：

四六．「成」（六九），朱活以爲「殆即新城」。按，「成」見《史記．高祖功臣侯者年表》，索隱：「縣名，屬涿郡。」《地理志》隸涿郡，確切地望不詳。

最後討論《陝西金融．錢幣研究》一九九〇．八．四新公佈的一品尖足布：

四七．「博」（圖十）。原篆左从「十」旁作「丨」形，參見《文編》「十」（五．四）、「陝」（一六五．七）等。原篆右从「尃」，參見《陶彙》「博」（五．三六四）作：

戰國文字从「尃」甚多，試舉幾例：

貨系四二六五（注十九）　貨系二四六七

曾侯乙鐘　璽彙〇一五二

石鼓《汧沔》　石鼓《鑾車》

其中「専」旁中間「田」形，亦可省作「曰」形。除上引秦陶文「博」字外，還可參見「惠」字的異體關係：

王孫鐘　王孫誥鐘

因此，尖足布「博」右旁中間从「曰」形也並不奇怪。

在趙國境內與「博」有關的地名有三處：

A．《地理志》西河郡「博陵」，確切地望不詳，約在今晉、陝北部交界處。

B．《戰國策．齊策》一：「悉趙涉河漳指博關。」《趙策》二：「趙涉河漳博關。」在今山東博平西北。

C．《地理志》：信都國「下博，莽曰閏博。」在今河北深縣東南。

以上三地都有可能是尖足布的「博」。其中「下博」頗値得注意。檢《地理志》「信都國，莽曰新博。」「下博，莽曰閏博。」三孔布有「下博」（二四七一），也有「上博」（二四六九），應在「下博」之北（注二十）。信都國境內據考古資料已有三「博」，決非偶然。漢代信都國乃高祖六年所置，王莽稱其郡治爲「新博」，頗發人深思。其中「新」似乎可以理解爲「新舊」之「新」，這是否暗示信都國郡治先秦名「博」？王莽銳意復古，地名也不例外。

順便說明，《辭典》「邪」或釋「耶」（三九〇），「于斗（半）」之「斗」或釋「分」讀「汾」，均誤認字形。至今有的論著仍沿襲舊說，故不可不辨，以免貽誤泉界。

以上所舉四十七種幣文，除文字不識者一種（「□戒」）、文字可疑者二種（「□止」、「亲□」），地望尚需斟酌者二種（「邪」、「襄平」），疑僞者三種（「皮氏」、「莆子」、「耴平」）之外，其餘三十五個地名（包括異名四種）基本可以落實，戰國均屬趙境。

類方足布和類圓足布的地名，與尖足布的地名多可對應。茲就《貨系》所載列成一表：

	尖足布	類方足布	類圓足布
茲氏	七三二	七四三	八〇九
茲	八一二	八〇七	
大陰	八一五	八六四	八六九
邪	八七六	八九二	
晉陽	九〇三		九四五

	尖足布	類方足布	類圓足布
榆即	九四八	九六一	
陽曲	九七〇		九八一
膚虎	九八四	九九八	
平陶	一一一二	一一四七	一一四八

另外，據《發展》，類方足布還有「成襄」（一一五），類圓足布還有「北茲」（一一七）。凡此說明，類方足布和類圓布也應是趙幣。至於類方足布「余水」、「□戒」，雖無尖足布對應，，但由前者爲明確無疑的趙幣，知後者也必爲趙幣。

尖足平首布品類繁多，應是戰國時期趙國的主要流通貨幣。其前身是尖足空首布（已有「甘丹」、「呂」、「百邑」（注二十）等地名可以確認）。尖足平首布由類方足布演變爲方足布，又由類圓足布演變爲圓足布。因此，尖足平首布在趙國貨幣演變系列中，承上啓下，地位十分重要。戰國趙幣形制比較複雜，大致可分十類：

尖足空首布	春戰之際
聳肩尖足平首布	戰國早期
平肩尖足平首布	戰國早中期
類方足布	戰國中期
方足布	戰國中期
類圓足布	戰國中期
圓足布	戰國晚期
圓足三孔布	戰國末期
小直刀	戰國晚期

圜錢　戰國晚期

本文所釋「邪」、「昜曲」、「壽陰」、「城襄」、「陽也」、「百陽」、「尹城」、「郎」、「宁」、「成」等幣文與舊說不同，「繁止」、「襄平」、「襄洹」、「日」、「鄤邟」、「余水」等幣文乃《貨系》披露的新資料，「博」幣文係最近出土新資料，筆者僅作初步探討。凡此所述未必得當，殷請泉界同好郢正。

注釋：

一．徐亞平《神木出土的布幣》，《陝西金融，錢幣研究》一九八九年一期。

二．何琳儀《百邑布幣考》，《史學集刊》一九九二年一期。

三．何琳儀《戰國文字通論》二九二頁，中華書局，一九八九年。

四．呂吳調陽《漢書地理志詳釋》，《二十五史補編》一二三九頁。

五．顧棟高《春秋大事表》卷七。

六．裘錫圭《戰國貨幣考》，《北京大學學報》一九七八年二期。

七．李學勤說，引《古文字研究》八輯六一頁。

八．同注六。
九．瀧川資言《史記會注考證》一〇七二頁「《秦紀》作伐取趙中都、西陽。當以世家爲正。」
十．鄭家相《中國古代貨幣發展史》一一三頁，三聯書店，一九八五年。
十一．朱活《古錢新探》六九頁。
十二．北文《秦始皇書同文字的歷史作用》，《文物》一九七三年一一期。
十三．何琳儀《古陶雜識》，待刊。
十四．何琳儀《貝地布幣考》，《陝西金融．錢幣專輯》（十四），一九九〇年。
十五．同注二。
十六．何琳儀《燕國布幣考》，已收入本書。
十七．王先謙《合校水經注》卷十一。
十八．李學勤《重新估價中國古代文明》，《人文雜誌》增刊《先秦論文集》。
十九．舊釋「專」，殊誤，詳另文。
二十．同注六。
二一．同注二。

原載《陝西金融．錢幣專輯》（十六），一九九一年。

後記：「襄平」原讀「平襄」，不確。

尖足布分佈圖

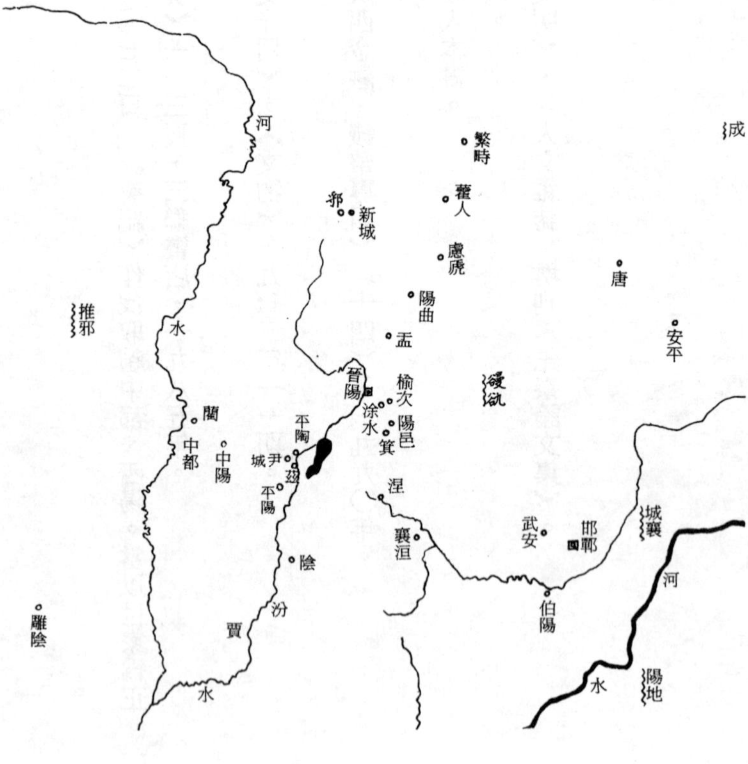

圖一

圖二

圖三

圖四

圖五

圖六

圖七

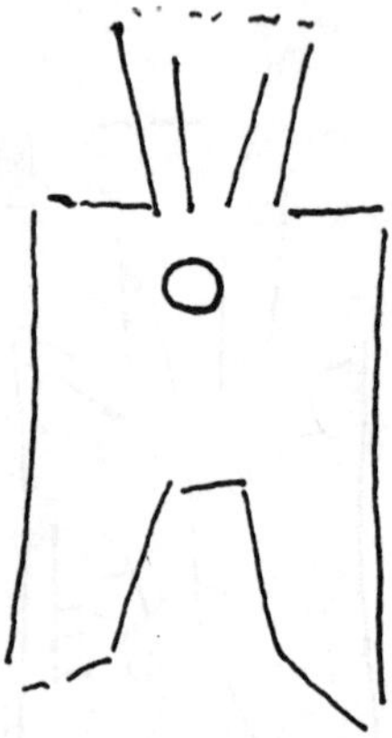

圖八

圖九

圖十

趙國方足布三考

鮮虞

《古泉彙》四·一四、《辭典》補遺一二一九著錄一枚方足小布（圖一），李佐賢云：「左似廿字，右下半係貝字。」（注一）實則未識此字。其餘諸家亦多闕而不識。

按，布銘二字均从「虍」，這類偏旁參見《文編》所載尖足布「膚虎」（讀「慮虎」）（注二）、橋形布「盧氏」諸从「虍」旁字：

膚 [glyph] 二一九 [glyph] 二一九

虎 [glyph] 一四六 [glyph] 一四六

盧 [glyph] 二三九 [glyph] 二三八

故上揭方足小布右字應隸定「[虍/貝]」，即「鬳」之省簡。眾所周知，金文「獻」本从「鬳」，从「犬」。其中「鬳」或簡作「[虍/貝]」形，例如《金文編》：

[glyph] 六八三 [glyph] 六八四

戰國燕系文字亦有「⿱虍貝」：

⿱虍貝 璽文六二〇　⿱虍貝 文物一九八二·八·四四

《說文》小徐本於「鼎」字下云：「古文以貞爲鼎，籀文以鼎爲貞。」正反映「鼎」與「貝」的這一省簡關係。

「⿱虍鼎」爲「甗」之初文，金文多以「獻」字代替（《金文編》六八四）。「獻」可讀「鮮」，《禮記·月令》：「天子乃鮮羔開冰。」注：「鮮當爲獻，聲之誤也。」（《周禮·天官·凌人》注引「鮮」正作「獻」。）《爾雅·釋山》：「小山別大山，鮮。」《釋名·釋山》「鮮」亦作「獻」。《詩·大雅·公劉》傳「鮮」作「巘」，均「獻」與「鮮」音近之確證。

布銘左字「虍」可讀「虞」。「虞」所从「虍」、「吳」均爲聲符。春秋吳國的國名，在銅器銘文中或稱「工⿰䱷攵」（者減鐘、姑發劍等）、或稱「攻敔」（攻敔王光劍、攻敔王夫差劍等）、或稱「攻吳」（夫差鑑），凡此可證「吳」、「敔」相同。檢《周禮·天官·序官》「⿰䱷攵人」，釋文：「⿰䱷攵亦作魰。」由此可見「⿰䱷攵」所从「虍」疊加聲符，可有可無。與其相應，「虞」典籍或作「吳」，如《公羊·定公四年》：「晉士鞅、衛孔圄帥師伐鮮虞。」釋文：「虞本或作吳。」《史記·周本紀》「虞仲」，《漢書·地理志》作「吳仲」。「虞所」从「虍」可有可無，證明「虍」亦爲疊加聲符。《說文》分析「虞」爲「从虍、吳聲」，實不精確。另外，杕氏壺銘「鮮于」，學者多讀「鮮虞」（注三）（《易·中孚》「虞吉」，漢帛書本作「杅吉」，是其確證。）而「于」則可讀「虎」，見

《墨子·旗幟》：「競士爲雩旗。」《北堂書鈔·武動部八》引「雩」作「虎」。凡此均「虞」、「于」、「虍」可以通用之證。

綜上對方足小布銘文形體和音讀的分析，「鬳虍」即「鮮虞」，似無疑義。

鮮虞，本春秋國名，其中心在今河北省新樂附近。《左傳·昭公十二年》：「假道於鮮虞，遂入昔陽。」注：「鮮虞，在中山新市城。」《後漢書·郡國志》：中山國「新市有鮮虞亭。」《漢書·地理志》「新市」，注引應劭曰：「鮮虞，子國，今鮮虞亭是。」王先謙曰：「《後漢》因《續志》有鮮虞亭，故國，子姓。劉注，杜預云：白狄別種。《一統志》故城今新樂縣西南四十五里新城鎮。」（注四）據《讀史方輿紀要》則鮮虞在「正定西北十里」。又《路史·國名記》戊據《左傳》、《地理志》等典籍謂鮮虞在「左人」、「中人」附近。戰國傳世文獻材料中似不見「鮮虞」，但上舉戰國杕氏壺銘已出現「鮮于」，而本文又從戰國貨幣銘文中揭示出「獻虍」就是「鮮虞」。由此可見，做爲地名「鮮虞」無疑在戰國時期是存在的。鮮虞可以製造貨幣，應是戰國一座重要的城邑。

關於「鬳虍」方足布的國別，有兩種可能，即中山國和趙國。一般認爲方足小布是流行於三晉地區的戰國晚期貨幣，其上限雖不宜確指，但其晚於趙國尖足布、圓足布，則是可以肯定的。中山國於西元前四〇六年被魏國所滅，西元前三八〇年左右復國（注五）。據中山王鼎銘「越人修教備信，五年復吳，克併之于今」，知中山國於西元前三〇六年猶存。「鬳虍」方足布不可能是魏攻滅的中山國，卻有可能屬於復國之後的中山國。不過復國後的中山國似不應再稱「鮮虞」。考慮迄今尙未發現一枚中山國方足布，所以定「鬳虍」方足布爲趙國晚期貨幣似更穩妥。

總之，「獻虍」、「鮮于」、「鮮吳」、「鮮虞」皆一音之轉，是戰國時期一座城邑，在今河北新樂附近。「鮮虞」方足布似爲戰國晚期貨幣。

迄今爲止，在先秦貨幣銘文中已發現「無終」（注六）、「余無」（注七）、「鮮虞」三種與先秦少數民族相關的地名。這對研究古代少數民族的活動範圍，乃至民族融合，也許不無裨益。

幵陽

《貨系》一六〇八—一六一〇著錄三枚方足小布，其中一六〇八（圖二）出土於山西省祁縣（注八）。又據《文編》二八六山西省陽高縣也出土一枚，這對判定該幣的國別和地望有一定的啓示。

右字《貨系》釋「亓」（其），顯然有誤。因爲《貨系》一六〇五—一六〇七「亓」作：

二八

與此字形體判然有別。

按，此字應釋「幵」，《說文》：「幵，平也。象二干對構上平也。」許慎之　，清代學者早就指出「干篆作Ұ，不作干」（注九），「幵」所从「丅」形並非「干支」之「干」，疑爲「主」之初文。古文字从「幵」之字罕見，在甲骨文、金文中各有一例：

佚存二八六

攈古二・三・一〇

前者見《說文》：「䶬，龍耆脊上䶬䶬也。从龍，幵聲。」後者見《說文》：「𢏚，帝嚳射官，夏少康滅之。从弓，幵聲。」即「羿」字。二字均爲唐蘭所釋，十分精當，唐氏云：「蓋古文字之垂筆，每易增一橫畫，……比比皆是，則丌即幵之初文，固無疑也。」（注十）由甲骨文「䶬」、金文「𢏚」類推，貨幣銘文「丌」釋「幵」，適可印證唐說。六國文字作「丌」形，秦國文字則作「幵」形（見石鼓《汧沔》「汧」所从「幵」）。這與唐氏所謂「增一橫畫」，亦並行不悖。

「幵」，見紐眞部；「開」，溪紐脂部。見、溪雙聲，脂、眞對轉，故「開」从「幵」得聲。「開」，典籍或作「沃」。《史記・殷本紀》「沃甲」，索隱：「《系本》作開甲。」「沃」，影紐；「幵」，見紐。影、見唯深喉、淺喉之之別，屬於鄰韻（注十一），故「幵」可讀「沃」。

「幵陽」即「沃陽」，見《漢書・地理志》雁門郡「沃陽」。在今內蒙涼城西南與山西省右玉縣交界之處，戰國屬趙。王莽時或名「敬陽」。「沃」與「敬」，猶如《殷本紀》「沃甲」，甲骨文作「羌（敬）甲」，皆以雙聲爲通轉（注十二）。「幵」與「敬」均屬見紐，音轉猶易。

山西陽高出土「幵陽」方足布，陽高與涼城的舊地「沃陽」均在長城一線，頗値得注意。如果聯繫包頭附近曾出土「安陽」布石範（《文物》一九五九・四・七三）分析，戰國趙幣流通的北至似可略知一、二。

平利

《辭典》八四著錄一枚方足小布，銘文二字（圖三）。倪模釋「平邱」，並以其屬衛國貨幣（注十三）。檢《文編》六八「丘」作：

與上揭方足布左字形體迥異，故舊釋「平邱」實乃臆測。

按，左字應隸定「歹」，與小篆比較，中間缺一短横。《說文》：「歺，列骨之殘也。从半冎。」徐鉉曰：「義不應中一，秦刻石文有之。」「𣦼」字所从「歹」也頗能說明問題：

說文四下三

汗簡上二·一九

另外，甲骨文「歺」作：

京津四一九

大概也屬於這省簡。

「列」从「歹」得聲，與「利」雙聲可通。《禮記·祭法》：「是故厲山氏之有天下也。」釋文：「厲山，《左傳》作列山。」《通典·禮》五引「厲山氏」作「列山氏」。《論語·衛靈公》「必先利其器」，《漢書·梅福傳》引「利」作「厲」。此「列」、「厲」、「利」相通之旁證。又《詩

·豳風·七月》「二之日栗列」，釋文：「栗列，《說文》作颲颲。」《詩·豳風·東山》「烝在栗薪」，箋：「古者聲栗、裂同也。」這不但說明「列」、「栗」、「利」音近可通，而且也說明「颲颲」可組成雙聲聯綿詞。

「平歹」即「平列」，讀「平利」，《漢書，地理志》隸屬廣平國。吳卓信云：「按，《王子侯年表》平利節侯世，宣帝神爵三年以平千頃王子封。注曰：魏郡。而《志》屬廣平，當從之。」（注十四）其確切地望已不可考，當在今河北邢臺以東，戰國屬趙。

注釋

一·李佐賢《古泉彙》元四·十四。

二·裘錫圭《戰國貨幣考》，《北京大學學報》一九七八年二期。

三·郭沫若《兩周金文辭大系》。

四·王先謙《漢書補注》。

五·楊寬《戰國史》二七四頁，注一。

六·朱華《略談無終三孔布》，《中國錢幣》一九八七年三期。

七·何琳儀《余亡布幣考》，《中國錢幣》一九九〇年三期。

八．張頷先生函示，陽高所出「陽」字在左，故《貨系》拓片疑陽高所出。
九．王筠《說文句讀》。
十．唐蘭《殷虛文字記》四五頁。
十一．王力《同源字典》二十頁。
十二．丁山《商周史料考證》八七頁。
十三．倪模《古今錢略》，引《辭典》五頁。
十四．吳卓信《漢書地理志補注》，引《二十五史補編》九八一頁。

原載《文物春秋》一九九二年二期

編後記：「幵陽」或讀「滎陽」。《禮記．月令》：「腐草爲螢。」《呂氏春秋．季夏紀》「螢」作「蚈」。《莊子．逍遙遊》「宋榮子」，《莊子．天下》作「宋鈃」，是其佐證。《韓世家》：桓惠王「二十四年，秦拔我城皋、滎陽」，《地理志》隸河南郡，在今河南滎陽東。」如是，「幵陽」也有可能是韓幣，誌此備參。

圖一

圖二

圖三

貝地布幣考

在方足小布之中，有一種舊釋爲「貝丘」的幣文，素爲先秦貨幣研究者所注目。如《貨系》二三三八（圖一）、《辭典》一三八（圖二）、一四二（圖三）、一三九（圖四）等。

關於「貝」字的釋讀（注一），諸家多無異詞，近年出版的《古幣文編》始列「即」字之下，隸定「皀」（注二）。檢《文編》此字主要分四式，均可與古璽文字「貝」互證：

A	文編一三九	璽文一三七
B	文編一三八	璽文一四一「貟」
C	文編一三九	璽文一四一「賙」
D	文編一三九	璽文一四一「買」

其中A、B、C三式爲正體，D式爲簡體。這類「貝」省作「目」形的簡化，在戰國文字中習見，在貨幣文字中也不乏其例：

賹	文編二三三	文編二三三
鄎	文編二六四	文編二六四

至於《文編》此字或作：

貢 □ 文編二八五　□ 文編二八五

貞 □ 先秦二九三　□ 先秦二九八

□ 一三八　□ 一三九

比較罕見。其左斜筆稍短，以其與上揭各式形體相互比較，知是變體。這類「收縮筆畫」的現象參見下文。總之，此字舊釋「貝」，是可信的。

該幣另外一字，以往有多種釋讀，諸如釋「丘」（注三）、「宁」（注四）、「文」（注五）、「齊」（注六）、「平」（注七）、「它」（注八）、「俞」（注九）等。此字異體較多，大致可分獨體、合體兩大類。

一、獨體，可分七式：

A □ 文編二一〇

B □ 文編二九〇

C □ 文編二一〇

D □ 先秦二二五

E □ 文編二一〇

F □ 文編二一〇

G　貨系二二四九

上引諸家釋讀，只有隸定「它」是可信的。此說見《貝丘布文字辨正》所徵引（注十），但記載甚略：

　據聞還有釋「它貝」者，因手頭缺此資料，未能詳細介紹。

此說出處不詳，且讀序有誤（詳下文）。另外，上引釋「宁」所徵引的材料，也頗值得注意：

　古璽中「佇」作、，與此所從之同，疑此即「貯」字。

按，劉體智引戰國古璽與戰國古幣文字互相印證，方法是可取的。然而遺憾的是，其所徵引古璽並非「宁」字。檢《彙編》「佗」作：

　〇〇七六　　二五四二

均爲三晉系文字。其所从「它」旁，與上揭A、B二式形體吻合。前人已指出，「也」和「它」是一字之分化。「也」，聲紐屬喻紐四等，古讀定紐，韻母屬魚部。「它」，聲紐屬透紐，韻部屬歌部。定紐與透紐同屬舌頭音，魚悲P歌部例可旁轉，故「也」之古音應讀「它」。在古文字中「也」與「它」實乃一字，其形體在戰國文字偏旁中，或隸定「它」、或隸定「也」，例如：

柂　　璽文一二七

池　　璽文三六二

鉈　　類編五一〇

紵　　璽文三一〇

弛　　類編三五七

至於典籍中从「它」與从「也」之字相混，尤爲習見。然則上揭A、B二式亦可隸定爲「也」。

C　長沙楚帛書「地」字所从「也」旁（或「它」旁）亦頗相似：

在C式豎筆上加一圓點，即成D式。這類裝飾點畫在戰國文字中習見。《璽文》三六二「池」分別作：

堪稱佳證。由此可見，這類裝飾點可有可無。

E式表面看似應釋「文」。但根據A、B、C諸式，亦可隸定爲「也」的變體。其左方斜筆穿透右方斜筆，在《文編》中就有類似的例證：

王　　二七　　二七

平　　四八　　五一

留　　一五二　　一五二

陛　　一七三　　一七三

F式左方斜筆收縮，遂使該字呈菱形，故或釋「齊」，殊誤。上揭「貝」字變體，亦屬此例。

G式最爲奇特，應是E式的訛變。

總之，上揭七式多可與戰國文字「也」旁相互印證，故應釋「也」。

二．合體，可分五式：

A 貨系二二三八

B 文編○二九

C 文編○二九

D 文編○二九

E 文編○二九

此字左或據D式釋「工」，遂讀幣文爲「貝丘工」（注十一），或釋「坘貝」（注十二），牡。首先說明一點，《貝丘布文字辨正》已指出此字「絕大多數和貨幣正面中間的中條紋飾相依托」，並列舉布幣「藺」、「露」、「晉陽」之「陽」、「平州」之「州」等字爲證，都十分正確。另外，布幣「武」、「安陽」之「安」（《辭典》七○五、一一七），其豎筆也借用布幣中央界線，殊堪注目。故圖一布幣中央界線可爲「土」旁。至於D式所从並非「工」旁，而仍是「土」旁。「土匀」布的「土」就有逕作「工」形者。下面把此字偏旁與「土匀」布的「土」以及若干从「土」的貨幣文字列成一表，以資比較：

土	土 文編12	丰 文編13	丰 文編13	工 文編13		
坪	先秦169			先秦169		
坼	文編66	文編66	文編66		文編66	
垣	先秦170		先秦170	先秦171	文物84.12	先秦171
城	文編137	文編137			先秦174	先秦173
坙	先秦7	文編159	先秦7	先秦7	先秦7	先秦8
圻	先秦180				先秦186	先秦186
地	文編209	文編209	文編209	文編209	文編209	辭典138

在上揭合體五式中，其左旁A式釋「土」自不待言；B式从「丰」形，屬「貫穿筆畫」；C式从「丰」形，屬「裝飾筆畫」；D式从「工」形，屬「收縮筆畫」；E式从「十」形，屬「省

簡筆畫」。凡此均合乎戰國文字演變規律（注十三）。

總之，合體五式的左旁應釋「土」。

幣文「土」和「也」旁組成一字，無疑也就是「地」字。

綜上對文字形體的分析，知舊釋「貝丘」應改釋「貝也」或「貝地」。又據《文編》地名用字「宅」或作「乇」（二〇），「梁」或作「[illegible]」（一一二），「陽」或作「昜」（一三四），「新」或作「亲」（一四二）等「刪簡形符」的通例，可知「貝也」應是「貝地」的省寫。

「貝地」，典籍未見。這類布幣除傳世品外，出土地有山西省祁縣、芮城、陽高、襄汾、浮山、屯留，河北省靈壽、易縣，河南省洛陽等（注十四）。這些地點在戰國大多屬趙國領土。如果結合趙國是流行方足小布的國家之一，以及文字風格等因素，最宜在古趙國境內尋覓「貝地」的地望。

「貝地」，舊多釋「貝丘」。「丘」字的釋讀有所謂「丘必有隅，隅必有四，故作[illegible]，乃四隅之形畢具矣」（注十五）的說法，顯係望文生義。何況《文編》六八已有「丘」字，與「地」或「也」形體迥異。然而筆者推測，「貝地」確與「貝丘」有關。

眾所周知，「丘」是古代地名的習見後綴，諸如「商」或名「商丘」，「邢」或名「邢丘」等，不勝枚舉。因此，「貝丘」古應只稱「貝」。先秦時代的「貝丘」後世名「貝州」（注十六），是其證。而本文所討論的幣文「貝地」，即古之「貝州」。「地」也是古代地名後綴，例如「陰戎」又名「陰地」（《左傳·哀公四年》）、「陽城」又名「陽地」（《戰國策·齊策》四）、「上郡」又名

「上地」（《戰國策・魏策》三）、「東國」又名「東地」（《戰國策・楚策》二）、「懷」又名「懷地」（《戰國策・魏策》三）等。以此類推，「貝丘」古亦可稱「貝」，或「貝地」。檢甲骨文有「浿」字，是否即地名「貝」，尚有待研究。不過，《新探》九四著錄一枚方足布（圖五），確與「貝」有關，舊多釋「貝邑」，其實應隸定「郥」，是地名「貝」的專用字。

「貝」又名「貝地」，還可以舉「毌地」布幣做爲旁證。《辭典》六五著錄方足布「毌也」（圖六），舊釋「毌丘」（注十七），釋文雖非，釋地則是。其地初名「貫」（「貫」从「毌」得聲），見《春秋・僖公二年》：「齊侯、宋公、江人、黃人盟于貫。」後名「毌丘」，見《史記・田敬仲完世家》：宣公四十九年「宣公與鄭人會西城，伐衛，取毌丘。」索隱：「毌，音貫，古國名，衛之邑。」幣文則又名「毌也（地）」。據幣文知《春秋》之「貫」本應作「毌」。既然「毌」＝「毌丘」＝「毌地」，那麼「貝」＝「貝丘」＝「貝地」，也應該是可以成立的。因此，上揭「貝地」、「郥」諸布幣銘文無疑就是典籍中的「貝丘」。

檢先秦地名中有兩個「貝丘」：

一・屬齊國，見《左傳・莊公八年》：「齊侯游于姑棼，遂田于貝丘。」注：「博昌縣南有地名貝丘。」在今山東博興南。

二・在齊、趙邊境，見《漢書・地理志》清河郡「貝丘」，亦作「浿丘」，見《史記・楚世家》：「射東莒，夕發浿丘，夜加即墨顧據午道。」集解引徐廣謂「浿丘」在清河。瀧川資言云：「午道，趙東、齊西交午道也。」（注十八）以上四地，東莒、即墨在齊東，涓丘、午道在齊西。交互言之，錯落有緻。「涓丘」地處齊、趙之境，見《中國歷史地圖集》四三—四四③2，在今山東臨清南。而《廣韻》泰部「貝」字下云：「州名，春秋時屬晉，七國屬趙……以貝丘爲名。」也應該是可信的。

從《楚世家》記載來看，東莒、涓丘、即墨諸地並列，似乎說明「涓丘」應屬齊地。然而上文已指出「涓丘」地屬齊、趙邊境。戰國時期，這類「交地」往往「朝秦暮楚」，國屬屢有變更，不能僅據典籍個別材料，拘泥地判定地名的國屬。例如，與「涓丘」同屬清河郡的「東武城」，在「涓丘」西北，其地也處齊、趙邊境。如據《戰國策·趙策》三的記載，只能屬趙國。然而《璽彙》〇一五〇著錄一方「東武城攻師璽」官璽，根據其中「攻師」的寫法，只能定爲齊璽（注十九）。由此可見，東武城也一度屬齊國。同理，根據「貝地」布幣的形制和文字特點，可以判斷《楚世家》的「涓丘」確實曾屬趙國，這與後來《廣韻》謂「貝」州「七國屬趙」完全吻合。

以往學者或以「貝地」布與博興「貝丘」繫聯，定爲齊幣，則完全忽略了該幣的形制、出土地點、文字風格諸方面的因素，因此其結論是錯誤的。如果以「貝地」布與臨清「貝丘」互證，則一切問題可以迎刃而解。

《貨系》二二五四著錄所謂「土貝」方足布（圖七），應釋「貝土」，即「貝地」。「土」乃「地」之省略。這類「省聲存形」的特殊簡體字，在《文編》中並不乏其例，諸如「屈」省作「尾」（

一二三）、「陰」省作「阜」（一七三）等。

綜上所述，舊所釋「貝丘」幣文，應改釋「貝也」，或「貝地」。該地名並不是博興的「貝丘」，而應是臨清的「貝丘」。「貝地」布是明確無疑的趙國貨幣。

注釋：

一．李佐賢《古泉彙》，引《辭典》下一二。
二．張頷《古幣文編》一三八。
三．同注一。
四．劉體智《善齋吉金錄》泉錄一．八一。
五．徐嵩《朗齋錢譜》，引《辭典》下一二。
六．丁福保《古錢大辭典》下四九四頁。
七．鄭家相《中國古代貨幣史》九七頁，三聯書店，一九八五年。
八．引張頷《貝丘布文字辨證》，中國古文字研究會第六屆年會論文。
九．同注八張文。
十．同注八張文。
十一．同注一。

十二．朱活《古錢新探》六三頁，齊魯書社，一九八四年。
十三．何琳儀《戰國文字通論》二一五、二二九、二二六、一八五。
十四．《古幣文編》一三八—一三九、《中國歷代貨幣大系》一四六。
十五．馬昂《貨幣文字考》，引《辭典》下四九四。
十六．顧祖禹《讀史方輿紀要》直隸廣平府清河郡。
十七．同注七，一〇五頁。
十八．瀧川資言《史記會注考證校補》一〇一九頁。
十九．同注十四，一七〇。

原載《陝西金融·錢幣專輯》（一四），一九九〇年

編後記：釋「它」，參曹錦炎《先秦貨幣銘文釋讀拾掇》（載《浙江金融》一九八七年增刊）。

圖一

圖二

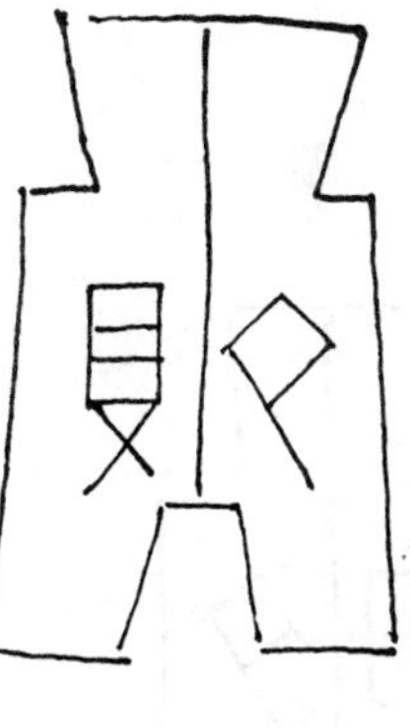

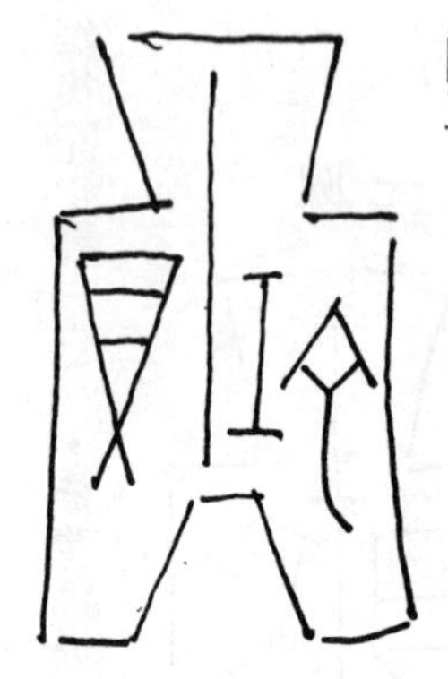
圖三

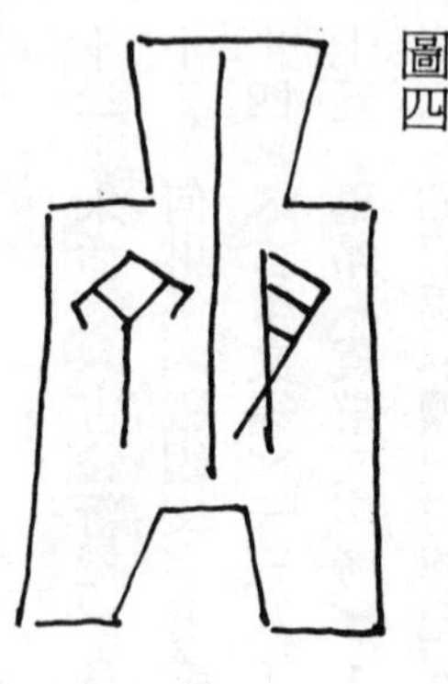
圖四

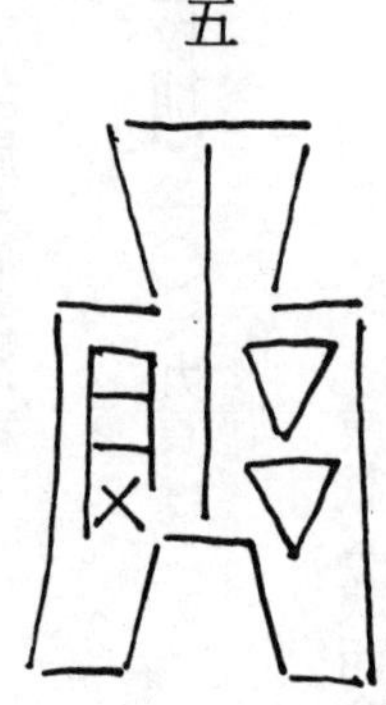
圖五

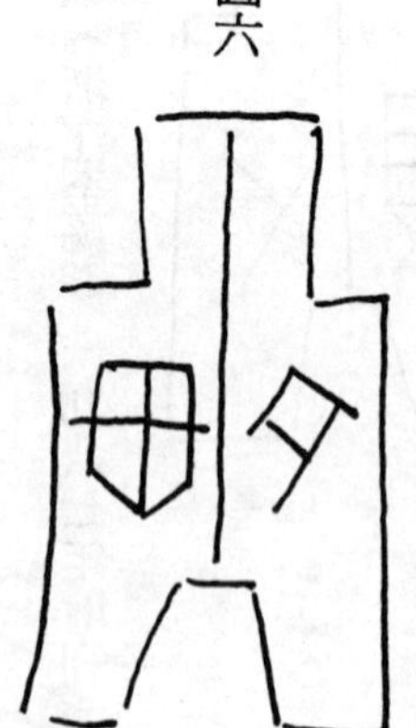
圖六

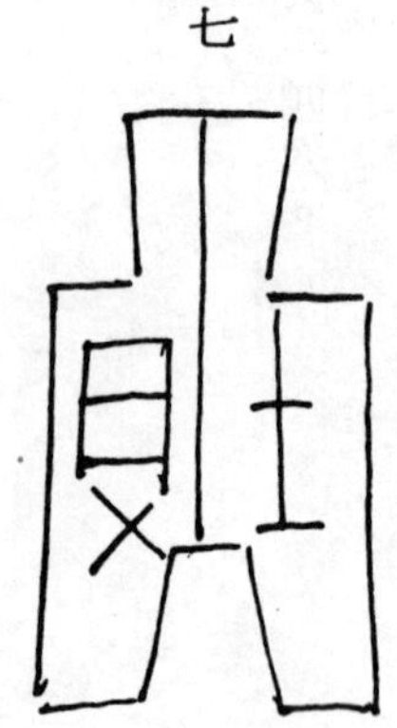
圖七

余亡布幣考——兼述三孔布地名

最近出版《中國歷代貨幣大系》第一冊收錄的幾品日本銀行所藏三孔布，是十分罕見的珍品。其中二四八二號（圖一），似乎未見於著錄。布幣面文二字，《貨系》定「□余」，又於一一一二頁云：「疑釋亡余。」

一般說來，三孔布面文和背文均自右向左讀，故此品宜顛倒《貨系》的讀法，改讀「余亡」。「亡」與「亡[冬阝]」三孔布之亡相互比較，僅一筆之差。這一短橫屬贅筆，在戰國文字中屢見不鮮。戰國銅器和璽印文字均有這類「亡」字，例如：

亡 中山王圓壺　亡 璽彙一二·九

總之，從字形分析，幣文左字釋「亡」，應無疑義。幣文讀序自右向左，讀「余亡」。

「余亡」，即「余無」。文獻和古文字資料中「亡」讀「無」的例證甚多，茲不備舉。至於「亡[冬阝]」三孔布讀「無終」，更是貨幣文字「亡」讀「無」的佳證。古音「無」屬明紐魚部，「亡」屬明紐陽部。二字聲母爲雙聲，韻母爲陰陽對轉。

「余無」，見《後漢書·西羌傳》注引古本《竹書紀年》：「太丁四年，周人伐余無之戎，克之。」或作「余吾」，見《漢書·地理志》上黨郡。又作「徐吾」，見王先謙《漢書補注》：「吳卓信曰：《通典》作徐吾。」陳夢家云：

王季所伐的余無之戎，徐文靖《竹書統箋》以爲是余吾與無皋二戎。他說「《左傳》閔二年晉中生伐東山皋落氏，《上黨記》東山在壺關縣城東南，今名無皋（按此引《郡國志》上黨郡壺關注文）。成元年劉康公敗績於徐吾氏，《上黨記》純留縣有余吾城，在縣西北四十里。」但《春秋地名考略》（一三·二一）則以爲皋落在桓曲西北六十里。若余無與余吾或徐吾有關，則王季所伐的余無之戎仍在隗姓的潞境，仍是鬼方的一支。

按，「余」與「徐」，「無」與「吾」，均屬音近假借。余吾，在今山西屯留北，戰國屬趙。「南行唐」三孔布之「⿲彳昜亍」字右下有「=」號，乃「合文符號」（注二）。「余亡」三孔布之「余」字右下也有「=」號，則可能表示合音。《國語·鄭語》：「北有衛、燕、狄、鮮虞、潞、洛、泉、徐、蒲。」注：「潞、洛、泉、徐、蒲，皆赤狄隗姓也。」上文「余無之戎」也屬隗姓。所以「余無」即「徐」，參見《中國歷史地圖集》一五—一六①4「徐」（余無戎）。「余亡」布的「合音符號」相當罕見，頗值得注意。

下面簡述三孔布幣文中的地名。

三孔布品類以王貴忱《三孔幣彙編》收錄最富（二十六種），近年又有新發現的「宋子」、「無終」二種和新公佈的「王夸」，再加上「余吾」，共計三十種。關於三孔幣文字和地名的考釋，以裘錫圭《戰國貨幣考》創獲最多，其它學者也解決了若干地名的釋讀。諸家研究情況大致如下：

裘錫圭考釋「南行唐」、「上艾」等十七種。其中「上卬陽」、「下卬陽」、「郖與」三種已被李學勤、李家浩考釋所更正。「家陽」地望尚待進一步研究。「雁即」是否屬雁門郡，待考。「郖鬵」拓本不清晰（注三）。

李學勤考釋「上曲陽」、「下曲陽」二種（注四）。

朱華考釋「宋子」、「無終」二種（注五）。

李家浩考釋「且居」、「沮陽」等五種（注六）。

汪慶正考釋「封斯」一種（注七）。

今試討論其餘的幾種：

一・「⿰虘阝」（二四八五）（圖二），即「戲」。見《逸周書・世俘解》：「呂他命越、戲、方。」注：「越、戲、方，紂三邑也。」朱右曾《逸周書集訓校釋》：「戲，戲陽，在彰德府內黃縣北。」其地在今河南內黃西北，戰國屬趙（注八）。

二・「⿰萈阝」（二四八八）（圖三），即「萈」。《說文》：「萈，山羊細角者。从兔足，首聲。」徐鉉注：「苜非聲，疑象形。」按，幣文純爲象形，其上从羊角形，與「山羊細角者」正合。「⿰萈阝」，讀「權」（詳拙文《三孔布幣考》）。

三・「轘」（二四八一）（圖四），讀「轅」，見《左傳・哀公十年》：「趙鞅帥師伐齊，取犁及轅。」注：「祝阿縣西有轅城。」在今山東禹城西南，春秋屬齊。據《左傳》記載，轅是齊、晉相爭之地。戰國這裡仍是齊、趙爭奪的要地。趙惠文王時屢犯齊國，《史記．趙世家》：惠文王「二十五年，燕周將攻昌城、高唐，取之。」轅城就在高唐南二十公里處，一度屬趙是完全可能的（注九）。

四．「安陰」，可能與裘文中的「安陽」有關，在《地理志》代郡「東安陽」附近。如果讀「陰安」，則見《地理志》魏郡，在今河南清豐附近，戰國屬趙。三孔布幣文是否可以自左向右讀，待考。

五．「家陽」，讀「華陽」（詳拙文《王夸布幣考》）。

六．「王夸」（《中國古今泉幣辭典》四四二五），地望不詳。

綜上對三孔布地名的考察，列表如次（參《三孔布幣考》）。

以上三十個地名，除少數地望尚需研究之外，多數地名基本可以落實。

過去一直以爲三孔是秦幣，現在已很少有人相信。目前通行的看法主要有兩說：趙國晚期貨幣（注十）、中山國貨幣（注十一）。上述地名雖大多數屬中山國，但也有例外，如「無終」、「陽原」、「戲」、「轅」、「余無」等，大概只能屬趙國。因此，三孔布的國別還有待今後進一步深入研究。

本文承蒙胡學源先生諸多幫助，謹致謝忱。

注釋：

一．陳夢家《殷墟卜辭綜述》二九三頁，中華書局，一九八八年。

二．裘錫圭《戰國貨幣考（十二篇）》，《北京大學學報》一九七八年二期。

三．同上注。

四．引李零《戰國鳥書箴銘帶鉤考釋》，《古文字研究》八輯六一頁。

五．朱華《山西省平朔縣出土宋子三孔布》，《中國錢幣》一九八四年三期；朱華《略談無終三孔布》，《中國錢幣》一九八七年三期。

六．李家浩《戰國於疋布考》，《中國錢幣》一九八六年四期。

七．汪慶正《中國歷代貨幣大系·總論》二〇頁，上海人民出版社，一九八八年。

八．何琳儀《戰國文字通論》一一七頁，中華書局，一九八九年。

九．同上注。

十．李學勤《戰國題銘概述》，《文物》一九五九年八期。裘錫圭文見注二。

十一．張頷《中山王譽器文字編序》四—五頁，中華書局，一九八一年；汪慶正《三孔布為戰國中山國貨幣考》，上海市錢幣學會第一次年會論文集。

原載《中國錢幣》一九九〇年三期

編後記：原文中「覓」誤讀「元」，「家陽」誤讀「固陽」。原文附表，此次編訂移於拙文《三孔布幣考》文中，有所改動。

圖一

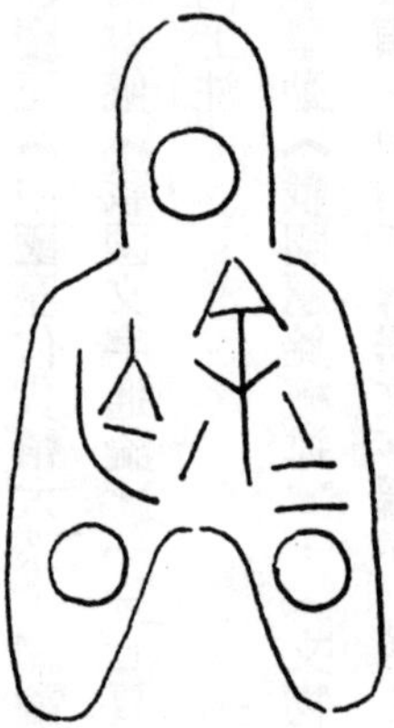

圖二

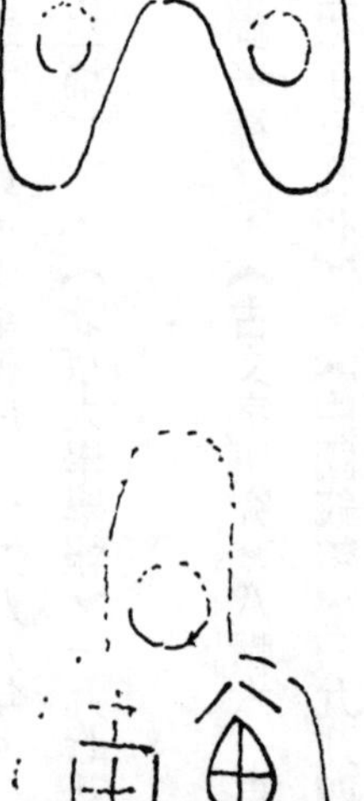

圖三

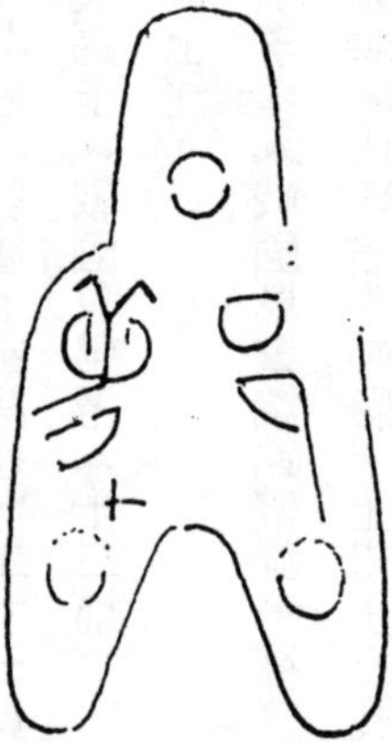

圖四

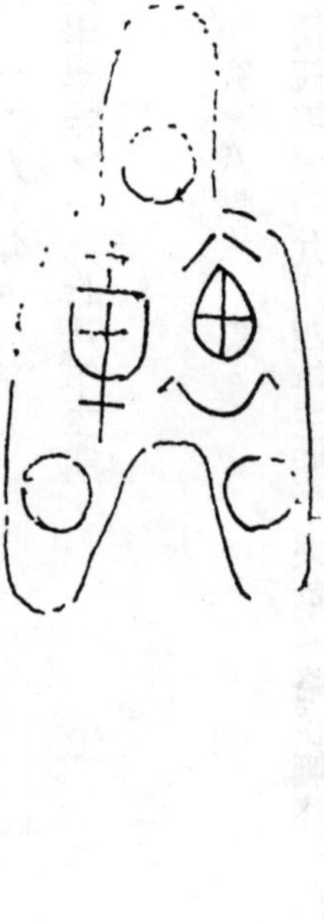

王夸布幣考

《中國古今泉幣辭典》四四二五著錄一枚罕見的三孔圓足布（圖一），銘文或釋「王夸」（注一）。原件藏北京市首都博物館，曾於一九九〇年亞運會藝術節期間公開展覽。

地名「王夸」，典籍未見。但典籍的「望諸」、「望都」、「慶都」似與「王夸」有關。「王」、「望」古音均屬陽部，音近可通。《書·無逸》「無皇曰」，漢石經作「毋兄曰」。《釋名·釋親屬》：「兄，荒也。」《老子》四十章「是謂忽恍」，帛書乙本「恍」作「望」。凡此均可證「王」、「兄」、「亡」聲系相通。「皇」从「王」得聲，故可讀「望」。「夸」、「諸」古音均屬魚部，音近可通。《戰國策·西周策》「樗里疾」，《史記·樗里子甘茂列傳》索隱引《紀年》作「楮里疾」，一本「楮」作「褚」（注二）。《莊子·讓王》「原憲華冠」，《韓詩外傳》一「華」作「褚」。以上「夸」、「樗」、「華」均从「亏（于）」聲，此「亏」、「者」聲系相通之證。

由此類推，「王夸」讀「望諸」似無疑義。

「望諸」於《戰國策》凡二見：

一．《燕策》二．九：「樂毅奔趙，趙封以爲望諸君。」吳師道注：「《史》趙封毅於觀津，號望諸君。《索隱》云：望諸，澤名，在齊，蓋趙有之，故號焉。」（注三）程恩澤曰：「案《職方氏》青州澤曰望諸，《禹貢》作孟諸。《地理志》梁國睢陽盟諸澤在東北，或謂之孟都（亦名孟諸），《史記》作明都，《詩譜》作明豬，其實一也……胡三省曰：望諸本齊地，毅自齊奔趙，趙人以此號之，本其所從來也。今爲河南歸德府虞城縣。蓋本宋地，而齊取之，趙輔燕破齊，或者分得其地，亦未可知。其實毅所封地在觀津，望諸特其號耳，非地也，似與望諸澤無涉。」（注四）

二．《燕策》二．二：「望諸相中山也，使趙。趙劫之求地，望諸攻關而出逃。」鮑彪注：「此與樂毅同號。」（注五）程恩澤曰：「案，據注，望諸即藍諸也。然此等處不可臆斷，當從闕疑。」（注六）檢《中山策》三：「出兵以攻中山，藍諸君患之。」鮑彪注：「藍諸君，中山相也。」吳師道注：「《索隱》云：《戰國策》望諸作藍諸。愚案《燕策》望諸相中山，恐即此人，與樂毅同號者。《索隱》指爲毅，則誤也。」程恩澤曰：「案，《廣韻》引《戰國策》有中大夫藍諸文，未知即此否？其地無考。」（注七）

綜合各家考證的結果大致是：趙國望諸君樂毅的封號與「望諸澤」有關，望諸屬齊境。中山國望諸君（又號藍諸君）的封地「望諸」，地望不詳。

今按，河南、山東交壤的「望諸」先屬宋，後屬齊，未聞屬趙。所謂「趙輔燕破齊，或者分得其地，亦未可知」乃臆測之辭。宋、齊並不是流通三孔布的地區，因此三孔布「王夸」（望諸）與此「

望諸」的關係可以排除。望諸君（藍諸君）既然為中山相，其封地當於中山國求之。

檢《漢書．地理志》中山國有「望都」，應即《中山肩》之「望諸」（藍諸）。遺憾的是，以往注釋《戰國策》者，多未曾注意二者間的關係。「都」、「諸」相通，與上引《職方氏》「望諸」，《史記》作「明都」，適可互證。另外，《左傳．昭公三年》「國之諸市」，《晏子春秋．內篇．問》作「國之都市」（注八），亦可資佐證。

「望諸」，戰國時屬中山國。《戰國策．中山策》鮑彪注：「漢為中山國，有盧奴、北平、北新城、唐、深澤、苦陘、安國、曲逆、望都、新市。」《水經．滱水注》：「又於是城（按，指唐城）之南如東一十餘里有一城，俗謂之高昌縣城，或望都之故城也。」《一統志》：「望都故城在今保定府望都縣西北，本戰國時趙慶都邑。」在今河北省望都縣西北三十里（注九）。

「望都」，雖然戰國時一度屬中山國，但是據《一統志》又名「慶都」，則戰國末期應屬趙國。檢《史記．秦始皇本紀》：七年「以攻龍、孤、慶都，還兵攻汲。」正義：「《括地志》云：定州恒陽縣西南四十里有白龍水，又有挾龍山。又定州唐縣東北五十四里有孤山，蓋都山也。《帝王紀》云：望堯母慶都所居。張晏云：堯山在北，堯母慶都山在南，相去五十里。北登堯山，南望慶都山也。《水經注》云：望都故城東有山不連陵，名之曰孤。孤、都聲相近，疑即都山。孤山及望都故城三處相近。」按，「慶」與「望」古音均屬陽部，故「望都」亦作「慶都」。

總之，「王夸」、「望諸」、「望都」、「慶都」均為同一地名的音轉。據《燕策》、《中山策

》，「望諸」屬中山國（《地理志》作「望都」），據《秦始皇本紀》「慶都」屬趙國。後者與三孔布是戰國「最晚的趙幣」（注十）之說，適可互證。

順便修訂拙文舊作《余亡布幣考—兼述三孔布地名》（注十一）的錯誤：

「家陽」（《貨系》二四五七）（圖二），拙文曾釋「固陽」，地望偏西，不妥，今改讀「華陽」。「家」、「華」古音均屬魚部，音近可通。「家」，《說文》「从豭省聲」。《文選》陸士衡《擬今日良宴會詩》「蔚若朝霞爛」，李注：「霞或爲華。」是其佐證。「華陽」，見《史記·趙世家》：武靈王二十一年「攻取丹丘、華陽、鴟之塞」，集解：「徐廣曰：華一作爽。」《資治通鑑·周紀》三：赧王十年「趙伐中山，取丹丘、爽陽、鴻之塞」，胡三省注：「爽陽、鴻之塞，《史記》作華陽、鴟之塞。《括地志》曰：北岳別名曰華陽臺，即常山也，在定州恒陽縣北四十里。」（注十二）三孔布「家陽」或「華陽」之音轉，位於常山（恒山）以南，戰國晚期屬趙國，在今河北省唐縣西北（注十三）。

從三孔布地名分佈來看，其地望均在太行山以東（包括太行山區），且多集中在今河北省石家莊地區。難怪有些學者將三孔幣定爲中山國貨幣。不過也有些地名不在中山國境內。如果據中山王鼎「闢啓封疆，方數百里，列城數十」、《史記·趙世家》「中山負齊之强兵，侵暴吾地」等記載，中山國充其量可能曾佔有趙國「無終」、「上艾」、「平臺」、「上博」、「下博」、「阿」等地；而距中山國境甚遠的趙國屬地「安陽」、「陽原」、「戲」、「轅」等地，被中山國佔領的可能性則甚小。

三孔布地名均屬趙境，應是戰國「最晚的趙幣」。其地名無一屬以晉陽為中心的「太原郡」，也無一屬與秦為鄰的「西河郡」。這暗示戰國晚期，趙國勢力已退出太行山以西，僅有太行山以東地區。《史記．趙世家》：成王十七年「秦拔我榆次三十七城」，二十三年「秦王政初立，秦拔我晉陽」。文獻記載與三孔布地名分布正相吻合。「三孔布鑄造年代的上限大概不會早於秦襄王時代（公元前二四九至二四七年）」（注十四）。

注釋：

一．李學勤《東周與秦代文明》三一二頁。文物出版社，一九八四年。
二．梁玉繩《人表考》卷三第六一五頁。
三．吳師道《戰國策校注》。
四．程恩澤《國策地名考》卷九第二十頁。
五．鮑彪《戰國策注》。
六．同注四，卷十五第二八頁。
七．同注四，卷十五第二七頁。

八．張純一《晏子春秋校注》，引《諸子集成》一一一頁。
九．吳卓信《漢書地理志補注》。引《二十五史補編》九八五頁。
十．李學勤《戰國題銘概述》，《文物》一九五九年八期。
十一．何琳儀《余亡布幣考》，《中國錢幣》一九九〇年三期。
十二．胡三省《資治通鑑》注一〇七頁，中華書局，一九八二年。
十三．譚其驤《中國歷史地圖集》第一冊三七—三八④一〇。
十四．裘錫圭《戰國貨幣考》，《北京大學學報》一九七八年二期。

原載《古籍整理研究學刊》一九九一年五期

編後記：高桂雲《館藏古幣珍品三孔布瑣談》（載《首都博物館叢刊》第八輯，一九九三年）介紹：「經過我仔細觀察對比，發現邱（文明）先生《辭典》上附的「王夸」三孔布拓本竟和我館藏品實物一致……由此推測，邱先生的拓片極大可能是從我館藏品上拓出的。」果如高氏所云，「王夸」三孔布應是傳世孤品，彌足珍貴。

附圖

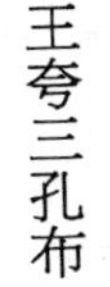
王夸三孔布

家陽三孔布

三孔布幣考

三孔布幣是先秦貨幣中頗爲罕見的珍品，筆者曾就其銘文中的地名寫成兩篇小文（注一）。近見學者論著中涉及三孔布地名（注二），又《中國錢幣》一九九三年二期公布一枚三孔布新品。凡舊文中意有未盡，地望推測欠妥，以及間有新得者，均於本文補訂之。

下文所徵引《中國歷代貨幣大系·先秦貨幣》只寫編號，不再寫書名。

一·地名新釋

A·「⿰亻毛」（《中國錢幣》一九三·二·四八）（圖一）。或釋「毛（尾）□」（注三）。其中釋「毛」旁可信。這類斜筆上增短橫爲飾的「毛」，在戰國文字中司空見慣，下面試舉幾例：

毛　包山二七六

⿰骨毛　包山三七

秏　包山二六九

笔　包山二七九

⿰車乇 [seal] 包山二六二

表 [seal] 包山一七九

⿰乇攵 [seal] 隨縣一一三

⿺辶乇 [seal] 隨縣九

⿰乇阝 [seal] 璽彙二四四四

飥 [seal] 璽彙二一一九

受其影響，「仛」所从「人」旁也增短橫爲飾，參見戰國文字「信」、「伐」所从「人」旁：

信 [seal] 璽彙四六一八

伐 [seal] 侯馬三〇六

「仛」从「人」，「毛」聲，字書所無，例可讀「毛」。三孔布銘文中類似布局者，尚有「阿」（二四八九）、「𨏥」（二四八二）等。「仛」是否可讀「毛人」？「人」爲習見地名後綴，諸如「中人」、「柏人」、「列人」、「霍人」等。然而文獻中似未見「毛人」。考慮文獻中「毛城」與「仛」關係密切，故不取「毛人」說。檢《三國志·魏志·武帝紀》：建安九年「武安君尹楷屯毛城，通上黨糧道。」王先謙曰：「毛城在武安縣西。本志卷十六《倉茲傳》注引《魏略》云：令狐邵暫出，到武安毛城中。太祖破鄴，遂圍毛城。又本志卷十七《徐晃傳》別討毛城，即此。」（注四）由此可見，毛城是華北平原通往「天下之脊」上黨的咽喉之地。其又名「毛嶺」，顯然與其地貌多山、形勢險峻有關。在河北涉縣西。筆者舊釋三孔布「余亡」爲「余無」或「余吾」，屬上黨郡。戰國末年，趙國仍然一度控制上黨郡（詳下文）。三孔布「仛」的釋讀爲此提供一條重要的佐證。

B·「相」（二四七四）（圖二）。舊隸定「杀」，讀「代」（注五）。此字隸定爲「杀」本無可厚非，如果將上下偏旁改爲左右平列，顯然就是《說文》之「相」。此字亦見《古璽彙編》○三○五、○○七九、二四六八等。《說文》：「相，臿也。从木，目（巳）聲：：梩，或从里。」又《周禮·考工記·匠人》：「里爲式。」注：「里讀爲巳（目），聲之誤。」凡此可證「目」（巳）與「里」音近可通。故三孔布「相」應讀「貍」或「狸」。《趙世家》：悼襄王「九年，趙攻燕，取貍、陽城。」《正義》：「按，燕無陽，疑貍字之誤，當讀漁陽。」檢《燕策》：「二又使燕攻陽城及狸。」知《正義》讀「貍陽城」爲句，（二十四史標點本亦同），且釋「漁陽」，殊不可據。《燕策》「狸」顯然就是《趙世家》「貍」，與「陽城」爲二地，而非地。程恩澤疑即「《水經注》鄚縣（今任丘北）東南隅，水有狐狸淀」（注六）。《中國歷史地圖集》三五—三六④3定點於今河北任丘北，即程氏之說。戰國晚期，「狸」先後屬燕國和趙國，確切地望待考。

C·「⿰覓阝」（二四八八）（圖三）。此字又見《古璽彙編》二一七八。「覓」及从「覓」之字在戰國文字中習見，如廿四年申陰戈「覓」、《古陶文彙編》三·三二七「⿵門覓」、隨縣簡七一「

[illegible]」等。筆者舊讀「[illegible]」爲「元」，失之迂遠。今改釋「權」。《說文》：「嚾，呼也。从吅，雚聲。讀若讙。」是其佐證。《燕策》一：「權之難，燕再戰不勝趙弗救。」此後又見《齊策》二，時間相當周顯王三十六年（B．C．三三三）（注七）。程恩澤曰：「《元和志》桓州眞定縣北有二十里有故權城，即古之犍鄉也。後漢建武元年，賈復與王校戰於眞定，大破之。即此地。今在正定縣北二十里。」（注八）在今河北正定北，戰國先屬燕國，後屬趙國。

D．「卩[illegible]」（《三孔幣彙編》五）（注九）（圖四）。二字右狹左闊，類似不對稱布局，參見三孔布「無終」、「陽湔」、「下曲陽」、「上博」、「上艾」、「戲」等。「[illegible]」原篆右上角「戈」頭已殘，然「戈」柲猶存。或釋「[illegible]」（注十），甚確。「[illegible]」上本从「[illegible]」，从二「或」（國）相背，會二國（城邑）相爭之意，故《說文》以其爲「誖」之籀文。戰國文字或省一「或」，參見《古璽彙編》「[illegible]」（〇四八四、一一一一、一七六〇）。「[illegible]」後來从「咸」則係由隸古定所致。「誖」據《說文》从「𣎵」得聲，而《說文》「𣎵詩若輩」，凡此可證「[illegible]」可讀「非」。三孔布「卩[illegible]」讀「即裴」，見《地理志》魏郡。在今河北肥鄉西南，戰國屬趙。

E．「安陰」（二四六一）（圖五）。似與三孔布「安陽」有關，但遍檢有關文獻，並無「安陰」。如果反讀可與《地理志》魏郡之「陰安」對應，但三孔布尙無傳形的例證。因疑「陰」是借字。一般說來，習見的地名後綴「陰」和「陽」不用假借字，然亦有例外。三孔布「南行陽」（二四六二）即「南行唐」，「唐」顯然是「陽」的假借字。「陰」與「險」形音俱近，往往通用。《後漢書．

周燮傳》：「燮生而欽頤折頞。」注：「欽或作顉，音同。」馬王堆出醫書「芩」作「鈐」，疊加音符「僉」（注十二），均其佐證。三孔布「安陰」疑讀「安險」，見《地理志》中山國。在今河北安國和定縣之間，戰國後期屬趙。

二．國別年代

三孔布地名的考訂，必須放在特定的歷史背景中予以探討，即必須放在戰國末期和趙國疆域這兩大時空框架內驗證。

三孔布鑄造的年代，或據《秦本紀》：莊襄王「二年，使蒙驁攻趙，定太原。三年……攻趙榆次、新城、郎孟，取三十七城」，推斷其「上限不會早於秦襄王時代（西元前二四九—二四七年）」（注十二）從現有二孔布銘文材分析，這一結論仍然可信。注二懷疑的「家陽」（注十三）、「戲」，並不是魏幣，而是趙幣，詳下文。

三孔布已發現三十一種，除「雁即」地望不詳外，其它三十種與《地理志》應關係如下（爲印刷方便計，下文某些地名不寫本字，只寫釋讀，詳見注一及上文）：

A．基本上一直屬趙國的地名：

代　郡——安陽、陽原、無終

太原郡——上艾

上黨郡——余吾

魏　郡——即裴、毛城

巨鹿郡——平臺

信都國——下博、上博

「上艾」，屬太原，卽與上文所言三孔布年代上限似有不合。上艾地處太行山中，雖屬太原郡範圍，估計不在秦攻佔三十七城之列。

「余吾」，屬上黨郡。《齊策》三：「（中山）南戰於長子，敗趙氏。」長子爲上黨郡郡治，這說明中山國曾佔有上黨郡，但時間不會太久。上黨郡曾分屬韓、趙，故有「兩上黨」之說。長平之戰前夕，韓上黨守馮亭已將韓上黨獻變獻給趙國。因此戰國晚期上黨主人應是趙國，位於郡治長子之北的余吾理應屬趙。長平之戰（B．C．二五九）後秦雖佔有趙上黨，但後來又一度被趙收獲。《秦本紀》：莊襄王「四年，王齕攻上黨。」《正義》：「上黨又反秦，故攻之。」是其證。三孔布「上限不會早於秦襄王時代」，襄王在位又只有四年，故秦重佔上黨之後，余吾不再屬趙。因此，「余吾」布應是三孔布中使用時間最短的一種。

「平臺」，屬常山郡，地望不詳。錢坫曰：「《秦本紀》云：沙丘平臺是也。」（注十四）按，此「平臺」屬巨鹿郡。今暫據錢說定三孔布「平臺」於河北平鄉西北。

B．先後屬中山國、趙國的地名：

常山郡——華陽、上曲陽、南行唐、五陘、石邑、封斯、關

中山國——望都、新處、安險、九門

巨鹿郡——宋子

據《史記》、《戰國策》、《戰國策釋地》等著作記載，這些地名屬中山國。趙滅中山以後，理應屬趙。

C·先後屬中山國、燕國、趙國的地名：

常山郡——權

巨鹿郡——下曲陽

「權」，曾屬燕，詳上文。「下曲陽」，曾屬燕，見《燕策》三。二地均處中山國腹地，屬燕之前應屬中山，屬燕之後應屬趙。依此類推，二地以北諸城也一度屬燕，戰國晚期屬趙。

D·先後屬燕國、趙國的地名：

涿　郡——阿、狸

上谷郡——沮陽、且居

「阿」，屬燕，見《趙世家》：成侯十九年「與燕會阿。」據《正義》，「阿」又名「葛」。趙孝成王十九年，燕、趙易土，「燕以葛、武陽、平舒與趙。」戰國晚期，「阿」顯然應屬趙。「狸」，先屬燕，後屬趙，詳上文。

「沮陽」、「且居」，原作「䣙陽」、「䣙與」（注十五），均屬上谷郡。上谷郡長期以來是燕國的領土，因此筆者曾對二地的釋讀有所懷疑。近檢《秦策》五：「趙攻燕，得上谷三十六縣，與秦什一。」始知二釋可信。這條材料明確記載：秦始皇八年（西元前二三九年），原屬燕之上谷郡已被趙國和秦國瓜分。隸屬上谷郡的「沮陽」、「且居」，戰國末年理應屬趙。另外，《古璽彙編》〇一二三「尙（上）谷」官印呈三晉風格，這也是上谷郡一度屬趙國的佐證。如果說「余吾」布是較早的三孔布，那麼「沮陽」、「且居」布則應是較晚的三孔布（注十六）。

E．先後屬魏國、趙國的地名：

魏　郡——戲

「戲」，見《逸周書．世俘解》：「呂他命伐越、戲方。」商、周古地名往往加「方」，故「越、戲方」即「越方」和「戲方」。朱右曾曰：「戲，戲陽，在彰德府內黃縣北。」（注十七）《路史．國名紀》巳廿一：「戲，武王克商，命呂他伐戲方，云紂畿內。按《襄公九年》：戲，鄭地。」《春秋．襄公九年》「同盟于戲」之「戲」並非《逸周書》之「戲」。《逸周書》「戲」在「紂畿內」，應以內黃縣北說爲是。《郡國志》魏郡「繁陽、內黃」，注：「《左傳．襄公十九年》，會于柯。杜預曰：縣東北有柯城。昭九年，荀盈卒于戲陽。杜預曰：縣北有戲陽城。」按，繁陽、內黃一帶原屬魏國，戰國晚期則屬趙國。檢《趙世家》：「二十一年，孝成王卒。廉頗將，攻繁陽，取之。」是其確證。又《地理志》：「趙地：…南至浮水、繁陽、內黃、斥丘。」亦可資旁證。

F．先後屬齊國、趙國的地名

平原郡——轅

「轅」，見《左傳·哀公十年》：「趙鞅帥師伐齊，取犁及轅。」注：「祝阿縣西有轅城。」在今山東禹城西南，春秋晚期即是趙氏、田氏相爭之邊城。《趙世家》：悼襄王「四年，龐煖將趙、楚、魏、燕之銳師，攻秦蕞，不拔，移攻齊，取饒、安。」《集解》：「徐廣曰：在渤海。又云：饒屬北海，安屬平原。」果如後說，平原在戰國晚期仍是趙、齊相爭之地。又趙平原君封地在平原，可見平原郡所轄之「轅」屬趙是沒有疑問的。

下面將各家及筆者對三孔布研究的結論列爲一表，以便觀覽：

隸定	釋文	文獻	地望	研究者
南𧗸	南行唐	《趙世家》惠文王「城南行唐」	河北行唐附近	裘錫圭
上苶	上艾	《地理志》太原郡上艾	山西平定西南	裘錫圭
平臺	平臺	《地理志》常山郡平臺	河北平鄉西北	裘錫圭
下専	下博	《地理志》信都國下博	河北深縣東	裘錫圭
上専	上博	（在下博北）		裘錫圭

阿	阿	《趙世家》成王十九年「與燕會阿」	河北保定東	裘錫圭
北九門	北九門	《趙世家》武靈王十七年「王出九門」	河北蒿縣西北	裘錫圭
安陽	安陽	《地理志》代郡東安陽	河北陽原東南	裘錫圭
五陞	五陘	《趙策》「絕五陘」	河北井陘北	裘錫圭
妬邑	石邑	《地理志》常山郡石邑	河北獲鹿東南	裘錫圭
上卬陽	上曲陽	《地理志》常山郡上曲陽	河北曲陽	李學勤
下卬陽	下曲陽	《燕策》「北下曲陽爲燕」	河北晉縣西	李學勤
宋子	宋子	《地理志》巨鹿郡宋子	河北趙縣東北	朱　華
亡郄	亡終	《漢書・樊噲傳》「軍於無終、廣昌」	河北蔚縣	朱　華
卝	關	《地理志》常山郡關縣	河北藁城西北	李家浩
亲處	新處	《地理志》中山國新處	河北定縣東北	李家浩
陽湔	陽原	《地理志》代郡陽原	河北陽原西南	李家浩
邸與	且居	《地理志》上谷郡且居	河北懷來西	李家浩

郘陽	沮陽	《地理志》上谷郡沮陽	河北懷來東南	李家浩
敌氏	封斯	《地理志》常山郡封斯	河北趙縣西	汪慶正
余亡	余無	《竹書紀年》「余無之戎」	山西屯留北	何琳儀
鄺	戲	《世俘解》「吳他命伐越、戲方」	河南內黃西北	何琳儀
轅	轅	《左·哀十年》「取犁及轅」	山東禹城西南	何琳儀
王夸	望都	《地理志》中山國望諸	河北望都西北	何琳儀
家陽	華陽	《趙世家》武靈王廿一年「攻取丹丘、華陽」	河北唐縣西北	何琳儀
仛	毛	《三國志·魏志·武帝紀》「武安君尹楷屯毛城」	河北涉縣西	何琳儀
相	狸	《燕策》「又使燕攻陽城及狸」	河北任丘北	何琳儀
鄚	權	《燕策》「權之難」	河北正定北	何琳儀
卩鬙	即裴	《地理志》魏郡即裴	河北肥鄉西南	何琳儀
安陰	安險	《地理志》中山國安險	河北安國西	何琳儀

根據上述三十個地名，筆者繪製一幅「三孔布分佈圖」。衆所周知，戰國七雄連年征戰，交壤領土「朝秦暮楚」，靜止地硬性繪製一幅二百五十年間戰國列强的地圖，頗爲困難。與戰國中期趙國疆域圖比較：本圖趙國的疆域西部基本以太行山爲界，北部已越過燕長城外武陽、方城，遠至上谷郡，南部越過趙長城，收復舊地至繁陽、內黃一帶。這三十個地名，戰國中期的中山國疆土不能包容，戰國中期的趙國疆土也不能包容，只有趙國滅亡前二十七年間的疆土才不出其範圍。這是三孔布年代偏晚，數量較少的原因所在。從考古類型學分析，三孔布無疑是由圓足布加三圓孔演變而來。迄今爲止，圓足布銘文只發現兩種，即「藺」和「離石」，其地望均在太行山以西，戰國晚期屬趙，戰國末期屬秦。圓足布「藺」、「離石」不見於三孔布，恰好說明三孔布是晚於圓足布的「最晚的趙幣」。另外，戰國早期趙國尖足布銘文中地名多在太行山以西，戰國末期趙國三孔布銘文中地名多在太行山以東，也可以構成鮮明的對比。

三．餘論

參照文獻記載，審視「三孔布分佈圖」，也可了解戰國末期趙國與鄰國間的關係。

A．自秦、趙長平之役後，趙國已大傷元氣，緊接著秦國攻陷戰國太行山以西廣袤的領土。其後趙國對秦國雖有小勝，從總體上說已屬守勢。不過趙國並不甘心失地於秦，秦莊襄王四年，上黨地區的拉鋸戰（見上文引《秦本紀》），以及秦始皇元年晉陽的反叛（《秦始皇本紀》），頗能說明問題。三孔布「余吾」、「毛」爲趙曾一度收復上黨提供了考古實證。

B．趙、魏之間的軍事衝突規模較小。除上文所引趙孝成王二十一年趙攻佔魏繁陽之外，悼襄王元年「大備魏，欲通平邑、中牟之道，不成」，六年「魏與趙鄴」，似乎二國互有勝負。三孔布「戲」多少說明趙長城以南城邑所屬的更迭情況。

C．趙、齊間的軍事衝突僅見上文所引趙悼襄王四年趙攻佔齊之「饒、安」。這是趙率五國聯軍攻秦而退，對齊不參戰的懲罰。三孔布「轅」，地屬趙、齊邊境，戰國晚期爲趙所有，似無疑義。

D．燕、趙之間的軍事衝突最爲激烈，早在秦攻佔趙太原郡前兩年即已開始。據《趙世家》載：

（孝成王）十六年，廉頗圍燕。以樂乘爲武襄君。十七年，假相大將武襄君攻燕，圍其國。十八年，延陵鈞率師從相國信平君助魏救燕。秦拔我榆次三十七城。十九年，趙與燕易土，以龍兌、汾門、臨樂與燕，燕與葛、武陽、平舒與趙。

趙悼襄之時，趙攻燕有增無減：

二年，李牧將，攻燕，拔武城、方城。（《趙世家》）

三年，龐煖將，攻燕，禽其將劇辛。（《趙世家》）

（六年）趙攻燕，得上谷三十六縣，與秦什一。（《秦策》五）

九年，趙攻燕，取貍、陽城。（《趙世家》）

趙國連年征討燕國，不外乎是因失地於秦，故求補於燕。試看燕國迫於軍事壓力將其陪都武陽拱手獻給趙國，趙國佔有上谷、方城已形成對薊都的包圍態勢，趙國滅燕之心昭然若揭。三孔布「阿」、「

狸」、「沮陽」、「且如」無疑是這些征戰的反映。

戰國晚期，趙國最強大的敵人是秦國。趙先慘敗於長平，後失地於太原；不思採取聯合魏、齊、燕等鄰國以鞏固後方的政策，反而連年對其征戰；尤其大肆侵犯弱小的燕國，與仇敵秦國爲伍共同瓜分燕之上谷。殊不知「螳螂捕蟬，黃雀在後」，趙幽繆王八年，秦攻陷趙都邯鄲。後六年，秦破代王嘉，趙國遂滅於秦。蘇子由《六國論》感歎山東六國共同的弱點時云：

貪疆埸尺寸之利，背盟敗約，以自相屠殺。秦兵未出，而天下諸侯已自困矣。至使秦人得伺其隙以取其國，可不悲哉！

古泉乃舊史之化石。三孔布之所以名貴者，豈徒以罕遇而見稱？

注釋：

一．何琳儀《余亡布幣考》，《中國錢幣》一九九〇年三期。《王夸布幣考》，《古籍整理研究學刊》一九九一年五期。

二．裘錫圭《古文字論集》四五〇—四五二頁，中華書局，一九九二年。

三．程紀中等《三孔布新品》，《中國錢幣》一九九三年二期。

四．王先謙《三國志集解》二八頁，中華書局，一九八二年。

五·裘錫圭《戰國貨幣考》，《北京大學學報》一九七八年二期。

六·程恩澤《國策地名考》卷五第十八頁。粵雅堂叢書。

七·顧觀光《七國地理考》引諸祖耿《戰國策集注彙考》一五一三頁，江蘇古出版社，一九八五年。

八·同注十六，卷十五第一四一一五頁。

九·王貴忱《三孔布幣考》五，自印，一九八四年。

十·同注五。

十一·《文物》一九七五年九期三六頁第十九號。

十二·同注五。

十三·「家陽」，注二引李家浩說釋「瑕陽」。《水經·青衣水注》引《紀年》「梁惠成王十五年，瑕陽人自秦道岷山青衣水來歸。」一九九〇年，筆者致曹錦炎信中已注意到這條材料。按，《紀年》「瑕陽」不一定就是《左傳·僖公三十一年》之「瑕」。朱右曾《汲冢紀年存眞》推測「瑕陽」是四川地名。可見對「瑕陽」的地望是有分歧的。三孔布「家陽」應讀「華陽」，見注一《王夸布幣考》，已收入本書。

十四·王先謙《漢書補注》七二七頁，中華書局，一九八三年。

十五·李家浩《於疋布幣考》，《中國錢幣》一九八六年四期。

十六·李家浩《戰國官印考釋》（《文物研究》七輯）已放棄「沮陽」、「且居」之說。其實以《秦策》按驗，李前說是正確的。李後說的所謂「且居」官印，舊釋「盧居」（《古璽彙編》〇〇七二）不誤。

十七．朱右曾《逸周書集訓校釋》卷四第五四頁，萬有文庫本。

原載《中國錢幣》一九九三年四期

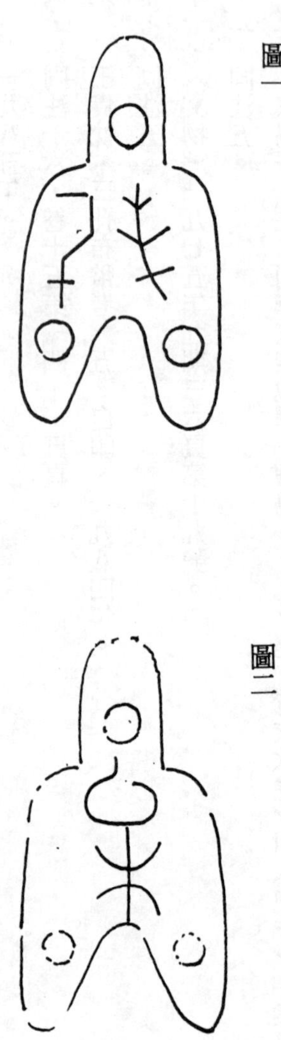
圖一　圖二

圖三

圖五

圖四

三孔布分佈圖

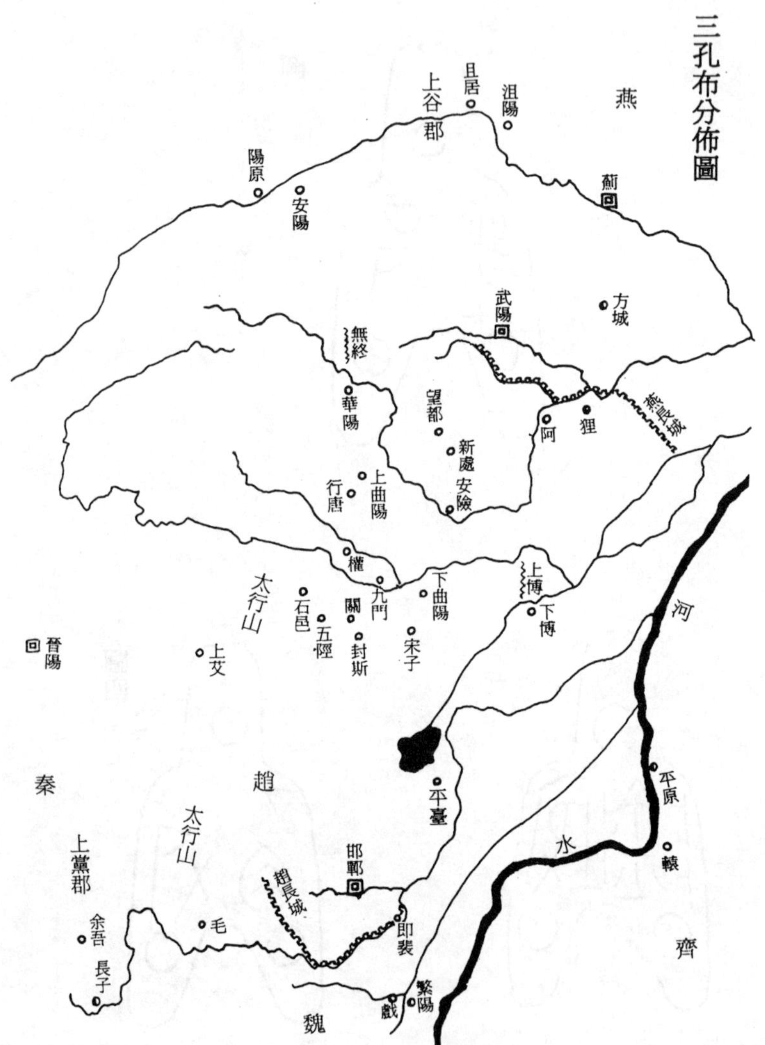
燕
且居
沮陽
上谷郡
陽原
安陽
薊
方城
武陽
無終
燕長城
望都
狸
阿
新處
華陽
安險
上曲陽
行唐
權
上博
下博
九門
下曲陽
太行山
石邑
關
五陘
封斯
宋子
晉陽
上艾
河
平臺
秦
趙
平原
太行山
水
鞭
上黨郡
邯鄲
趙長城
余吾
毛
即裴
齊
長子
繁陽
戲
魏

橋形布幣考

橋形布，包括平肩、方足、圓跨布，和圓肩、方足、圓跨布兩種。其共同的特點，均有橋形方足，所以通常稱橋形布。又因爲銘文中多有「釿」字，所以又稱「釿」布。

橋形布的國別，或以爲「多屬韓、魏」（注一），或以爲是「戰國前期便已行用」的魏幣（注二），或以「釿布是戰國魏國鑄行的貨幣，當然也不排除有個別爲鄰近韓國所鑄」（注三）。鄭家相舉橋形布屬韓國有「⿰匕木」（潁）、「京」、「鄩氏」、「分（汾）布」，屬趙國者有「甗」（注四）。凡此釋讀及國別均有可商。因此有必要對現有橋形布銘文及地名做一番整理。

下面即按《中國歷代貨幣大系》順序介紹：

一．安邑二釿　一二四五

安邑一釿　一二八四

「安邑」，見《史記．魏世家》：惠王卅一年「安邑近秦，於是徙居大梁。」在今山西夏縣西，爲魏國早期都城。

二．禾二釿　一三一一

禾一釿（圖一）　一三一四

禾半釿　一三二六

首字舊釋頗爲分歧，諸如釋「[匕禾]」（穎）、「棣」、「梁」（粱）、「乘」、「禾」（利）等（《辭典》下編一一頁），《文編》則載入附錄（二八〇—二八一頁）。諸說中以釋「穎」、定爲韓幣影響最廣。其實據《說文》偏旁分析，「穎」从「水」从「頃」，「頃」从「頁」从「匕」。然而幣文 ᑌ 形並非「匕」字，故釋「[匕禾]」讀「穎」，殊不可據。

其實舊說中隸定此字爲「禾」（注五），十分正確。但釋爲「利」之省，則缺乏根據。檢《璽彙》四四三〇—四四三二「秋」字如左：

其所从「禾」旁與橋形布此字吻合，「禾」上方所从撇筆作 ᑌ 或 ᑐ 形，應屬「彎曲筆畫」現象（注六）。

方足布有一从「邑」的「禾」，見《文編》：

二六五　二六七

應隸定「[禾阝]」，顯然是「禾」的地名專用字。

「禾」與「秎」均讀「和」。《國語・晉語》八「范宣子與和大夫爭田」，注：「和，晉和邑之大夫也。」「和」的確切地望不詳，疑讀「元」。《書・禹貢》「和夷底績」，《水經・洹水注》引鄭玄曰：「和讀曰桓。」《左傳・僖公四年》「屈完」，《漢書・古今人表》作「屈桓」，可資旁證。和，匣紐歌部；桓，匣紐元部；元，疑紐元部。匣、疑喉牙通轉；歌、元陰陽對轉。

檢《左傳・文公四年》：「晉侯伐秦，圍邧，新城。」沈欽韓云：「邧即元里也，在同州府東北。《魏世家》：文侯十六年伐秦，築臨晉、元里。」（注七）在今陝西澄城南，戰國前期屬魏，其後屬秦，見《魏世家》：惠王「十七年，與秦戰元里，秦取我少梁。」五十年代，在距元里古邑不遠的華陰戰國早期遺址中，發現「禾半釿」橋形布（注八）。這從考古學方面提供「禾」橋形布時代和國別的佐證。

三・梁（梁）夸釿五十尙（當）孚（鋝）　一三三四

梁（梁）夸釿百尙（當）孚（鋝）　一三三五

梁（梁）正黹（幣）百尙（當）孚（鋝）　一三五〇

梁（梁）正黹（幣）二百尙（當）孚（鋝）　一三七〇

「梁」，即「梁」，「大梁」簡稱。見上「安邑」條所引《魏世家》，魏國後期都城，在今河南開封。

四・⿱宀垂二釿　一三七二

「⿱宀垂」，「垂」之繁文，見《春秋・隱公八年》：「春，宋公、衛侯遇于垂。」注：「衛地，濟陰句陽縣東北有垂亭。」《戰國策・魏策》：「邊城盡拔，文臺墮，垂都焚。」《集解》引徐廣曰：「句陽有垂亭。」《索隱》：「垂，地名。有廟曰都，並魏邑名。」在今山東曹縣附近。

五・言昜（陽）二釿　一三七六

言昜（陽）一釿　一三七八

言昜（陽）半釿　一三八八

「言昜」，舊讀「晉陽」。近或改釋「圁陽」，即《漢書・地理志》上郡「圜陽」（注九）。在今陝西神木，戰國前期屬魏。

六・⿸广㚒一釿（圖二）　一三九〇

⿸广㚒半釿　一四〇八

「⿸广㚒」，舊釋「⿸广兵」讀「虞」。近或改釋「⿸广㚒」讀「陝」（注十），甚確。今稍加補充。五十年代，河南陝縣后川出土秦國陶文兩件，刻有「陝亭」、「陝市」（《考古通訊》一九五八・一一・七六），其中「陝」作：

據出土地點釋「㚒」或「陝」，確切無疑。檢《說文》：「㚒，盜竊懷物也。从亦有所持，指事。宏農陝字从此。」按，陶文「㚒」从「亦」省，「十」聲。「㚒」，審紐談部；「十」，禪紐緝部。審、禪雙聲;談、輯旁轉，諧聲吻合。橋形布「庾」所从「夾」則从「亦」省，「叶」聲，「叶」从「十」聲。故「夾」與陶文「夾」實爲一字。又因「广」與「阜」偏旁可通，故「庾」即「陜」之異體。

「陜」，戰國屬魏，見《史記・秦本紀》：「使張儀代取陜，出其人與魏。」《漢書・地理志》隸宏農郡，在今河南三門峽。

七・[illegible]一釿（圖三）　一四〇九

「[illegible]」，舊釋「京」，近或釋「殽」（注十一），或隸定「[illegible]」讀「緐」（注十二）。釋「京」主要依據《辭典》一六三（圖四）形體。其中「釿」字倒書。如是右字顯然非「京」，而可能是圖三右字的誤寫。因此，圖四之類橋形布的眞僞頗值得懷疑。

釋「殽」根據三體石經「殽」古文作[illegible]。近年浙江紹興出土徐[illegible]尹鼎銘中已發現與三體石經古文形體完全相同的「殽」（注十三），但與橋形布形體明顯不同。

檢戰國文字「[illegible]」字習見：

A　[illegible]　陶彙四・一七二

B　[illegible]　璽彙三〇四七

C　[illegible]　璽彙五三七六

D　[illegible]　貨系一三九〇

A式「母」旁省兩點爲「女」成B式，B式收縮左方豎筆成C式，如果割裂C式「女」旁中間豎筆則成D式，即橋形布「⿱母山」。凡此省變軌迹十分清晰，故或隸定此字爲「⿱母山」可信。「⿱母山」，字書所無，當是「⿰土每」之異文。（「山」與「土」形旁義近可通，例不贅舉。）見隸古定《尚書》「牧」作「⿰土每」（注十四）。又《集韻》：「坶，《說文》朝歌南七十里也。《周書》武王與紂戰於坶野。或从每。」「⿰土每」、「坶」顯然就是典籍之「牧」。《詩·大雅·大明》「牧野洋洋」，《水經·清水注》引「牧」作「坶」。《韓詩外傳》三「行克紂於牧之野」，《說苑·貴德》「牧」作「坶」。「牧」，春秋衛邑，見《左傳·隱公五年》：「鄭人侵衛牧。」注：「牧，衛邑。」或云即《詩·邶風·靜女》「自牧歸荑」之「牧」（注十五）。戰國應屬魏境，在今河南汲縣。

鋭角布有一字（《貨系》一二三八），與橋形布「⿱母山」相近，但非一字，舊釋「垂」可信。

八·陰晉一釿　一四二五

陰晉半釿　一四三三

「陰晉」，見《秦本紀》：惠文王六年「魏納陰晉，陰晉更名寧晉。」戰國先後屬魏、秦，在今陝西華陰。

九·甫反一釿　一四二五

甫反半釿　一四三二

「甫反」，讀「蒲阪」，見《魏世家》：襄王十六年「秦拔我蒲阪、陰晉、封陵。」或作「蒲坂」，戰國先後屬魏、秦，隸《地理志》河東郡。

十・高安一釿　一四三一

「高安」，舊釋「亳」，近或釋「高安」合文（注十六），見《史記・趙世家》：成侯「四年，與秦戰高安。」《正義》：「蓋在河東。」確切地望不詳，應在今山西西南部。河東郡，戰國前期屬魏，後屬趙。

十一・高半釿　一四三二

「高」，即「鄗」，見《左傳・文公三年》：「秦伯伐晉……取王官及郊也。」《秦本紀》則引「郊」作「鄗」（《戰國策縱橫家書》一六「邯鄲之鄗」，即「邯鄲之郊」）。「王官」，見《水經・涑水注》：「涑水又西逕王官城北。」在今山西聞喜南。「鄗」亦應在「王官」附近，戰國屬魏。

十二・盧氏半釿　一四五五

「盧氏」，又見《貨系》原始布（二九）、斜肩弧足空首布（五七八）、銳角布（一二一五）等銘文。《水經・洛水注》引《竹書紀年》：「晉出公十九年，韓龐取盧氏城。」在今河南盧氏，地處魏、韓、秦三國交壤。《國策地名考》附「韓地圖」和「魏地圖」中均有「盧氏」，這種處理十分合理。

十三．共半釿　一四三八

「共」，見《戰國策．魏策》三：「河內之共、汲莫不危矣。」在今河南輝縣。

十四．⿰寽阝氏半釿（圖五）　一四四二

「⿰寽阝氏」，又見方足布（《貨系》一九八〇），舊釋「郛氏」，殊誤。近或隸定「⿰寽阝氏」，破讀「端氏」（注十七）。檢「端氏」先屬趙（《趙世家》肅侯元年），後屬韓（《趙策》一），未聞屬魏。

按，「⿰寽阝氏」應讀「泫氏」。《顏氏家訓．書證》：「《禮記．王制》云：贏股肱。鄭注云：謂捋衣出其臂脛。今書皆作擐甲之擐。國子博士蕭該云：擐當作捋，音宣。」可見「捋」、「擐」實爲一字。「睘」、「玄」音近。《說文》：「𩡧（⿰馬玄），馬一歲也。从馬絆其足。讀若弦。一曰：若環。」是其佐證。

「泫氏」，見《水經．沁水注》引《竹書紀年》：「晉烈公元年，趙獻子城泫氏。」時值戰國初年。《太平御覽》卷一六三州郡部引古本《竹書紀年》：「梁惠王九年，晉取泫氏。」又《太平寰宇記》卷四澤州高平縣所引相同。朱右曾云：「晉即魏也，以榆次、陽邑易泫氏也。」（注十八）（參《水經．洞過水注》引《竹書紀年》：「梁惠王九年，與邯鄲榆次、陽邑。」）可證魏惠王徙都大梁之前，泫氏已屬魏國版圖（注十九）。在今山西高平。

十五．分布　一四四三

「分布」，讀爲「汾布」。布幣自銘爲「布」，戰國貨幣中僅此一見。

「汾」，見《史記·韓世家》：桓惠王「九年，秦拔我陘，城汾旁。」《正義》：「秦拔陘城於汾水之旁也。」按，「汾」乃城邑名，見《秦本紀》：昭襄王五十二年「十二月，益發卒軍汾城旁。」《韓世家》和《秦本紀》所記爲一事，故「汾」即「汾城」。《韓世家》「城汾旁」無疑是「汾城旁」之誤。「汾城」，戰國晚期爲韓邑，前此則是魏邑，見《戰國策·魏策》三：「子能以汾北與我乎？」稱「汾北」，則因「汾城」在汾水之北（注二十）。或以爲「汾北」在「皮氏」（注二一），或以爲「西河餘地」（注二二），均非是。上引《魏策》所載，顧觀光隸於周赧王九年（西元前三〇六年）（注二三），相當於魏襄王十三年，屬戰國前期，這時「汾城」理應屬魏。

十六·山陽（圖六）　一四五〇

「山陽」，見《戰國策·楚策》一「梁山陽君」。戰國屬魏，隸《地理志》河內郡，在今河南焦作。「山陽」傳形左讀，比較特殊。

十七·陰安（圖七）　一四五二

「陰安」，即「陰安」。舊讀「安陰」，不確。橋形布一般都自右讀，但也有例外，上舉「山陽」（圖六）即自右讀。「陰安」與「山陽」形制均爲圓肩，頗堪注目。「陰安」，見《地理志》魏郡，在今河南南樂東南。戰國屬魏。

另外，《辭典》還著錄幾種橋形布：

十八．桓釿　一九六

「桓」，又見圜錢（《貨系》四〇二七）。《史記．秦本紀》：昭襄王「十五年，大良造白起攻魏，取垣。」隸《地理志》河東郡，在今山西垣曲境。

十九．文安半釿　一二〇二

文字拙劣，乃贗品。

二十．槅釿（圖八）　一二二一

「槅」，舊釋「毳」，殊誤。按，字从「木」，从「鬲」省。「鬲」，空首布作[illegible]（《貨系》三三三），可資旁證。《說文》：「槅，大車軛。从木，鬲聲。」「槅」與「核」雙聲可通。《文選．蜀都賦》「肴槅四陳」，注：「《毛詩》曰：肴核惟旅。槅與核義同。」《集韻》：「核，果中核。或作槅。」均其佐證。橋形布「槅」應讀「郊」。《說文》：「郊，陳留鄉。从邑，亥聲。」在今河南開封東南，戰國屬魏。

《藥雨古化雜詠》著錄一品罕見的小型橋形布，亦見《中國古代貨幣發展史》一三五：

二一．邙陽釿□

此品爲方若舊藏，然據云係翻砂白文僞鑄，文字屬陰文，已露出做僞的馬腳。

綜上對橋形布銘文中地名的考察可知：除「盧氏」地處秦、韓、魏三國交壤外，均屬魏境，與文獻記載吻合。

橋形布流通的地域，西至元里，西北至圜陽，東北至陰安，東至垂，南至梁、郊 。這與戰國前期魏國的四至也基本吻合。

值得注意的是，上引十九種橋形布中的地名（可疑者不計），無一在梁、郊 以南者。戰國前期，以安邑爲中心的晉西南是魏國的主要版圖；魏惠王九年（西元前三六一年）徙都大梁後，以大梁爲中心的大河以南才成爲魏國的主要版圖。三晉之間「調整交換土地，使得魏國在中原的大片土地連成一塊。」（注二四）這使我們有理由相信，橋形布可能是魏國前期的鑄幣，其年代上限爲戰國初年。上文提及的陝西省華陰縣戰國早期古城遺址出土「禾半釿」橋形布，爲這一推斷提供了可靠的佐證。

據上引《秦本紀》可知，魏惠王後元三年（西元前三三二年），魏獻「陰晉」於秦，秦改「陰晉」爲「寧秦」。所以，「陰晉」橋形布鑄造的時間不得晚於魏惠後元三年。又據《魏世家》載「魏盡入上郡於秦」，時值魏惠王後元七年（西元前三二八年）（注二五），屬於上郡的「圜陽」不再歸魏所有。所以「言（圜）易（陽）」橋形布的下限不得晚於魏惠王後元七年。（「圜陽」從魏轉入秦境，後又轉入趙境，這從趙「言易」刀幣中可以得到證明。）其他橋形布的年代下限，均可由「陰晉」，「圜陽」橋形布類推。

衆所周知，戰國時期魏國的疆域在列國版圖中最爲畸零分散，與秦、趙、韓、齊、宋、楚等國犬牙交錯，皆有交壞。橋形布銘文的地名大致鉤畫出戰國前期魏國的疆界，這對戰國史地研究也許不無小補。

本文所釋「禾」、「槁」二種，對諸家所釋「𢈔」、「缶」、「郭」三種有所補充，糾正「陰安」讀序，凡此皆有別於舊說。

注釋：

一．鄭家相《中國古代貨幣發展史》一一七頁，三聯書店，一九五八年。
二．李學勤《東周與秦代文明》，文物出版社，一九八四年。
三．汪慶正《中國歷代貨幣大系．總論》一八頁，上海人民出版社，一九八八年。
四．同注一，一二九─一三三頁。
五．金邠《泉志校誤》，引《辭典》下編一一頁。
六．何琳儀《戰國文字通論》二一八頁，中華書局，一九八九年。
七．沈欽韓《左傳地名補注》。
八．黃河水庫考古隊陝西分隊《陝西華陰兵鎮戰國古墓勘察記》，《考古》一九五九年一一期。
九．裘錫圭《戰國貨幣考（十二篇）》，《北京大學學報》一九七八年二期。
十．張頷《魏幣𢈔布考釋》，《古文字學論集》初篇（香港），一九八三年。
十一．同注九。

十二．湯餘惠《戰國時代魏繁陽的鑄幣》，《史學集刊》一九八六年四期。

十三．曹錦炎《紹興坡塘出土徐器銘文及相關問題》，《文物》一九八四年一期。

十四．小林信明《古文尚書の研究》一二六頁。

十五．惠棟《春秋左傳補注》。

十六．同注九。

十七．朱德熙《古文字考釋四篇》，《古文字研究》八輯十六頁，一九八三年。

十八．朱右曾《汲冢紀年存眞》。

十九．譚其驤《中國歷史地圖集》第一冊三一—三二④6，中國地圖學社，一九七五年。

二十．同上，三一—三二④5。

二一．張琦《戰國策釋地》。

二二．程恩澤《國策地名考》。

二三．顧觀光《國策編年》。

二四．楊寬《戰國史》二七七頁，上海人民出版社，一九八〇年。

二五．楊寬《戰國大事年表》，同上注，五六九頁。

原載《吉林大學學報》一九九二年二期，又《高等學校文科學報文摘》總四九期（一九九二年）摘錄原文結論部份。

編後記：「禾」，原文釋「栙（橛）」。一九九三年，筆者在臺灣中央研究院歷史語言研究所學術演講時已更正釋「禾」。

橋形布分布圖

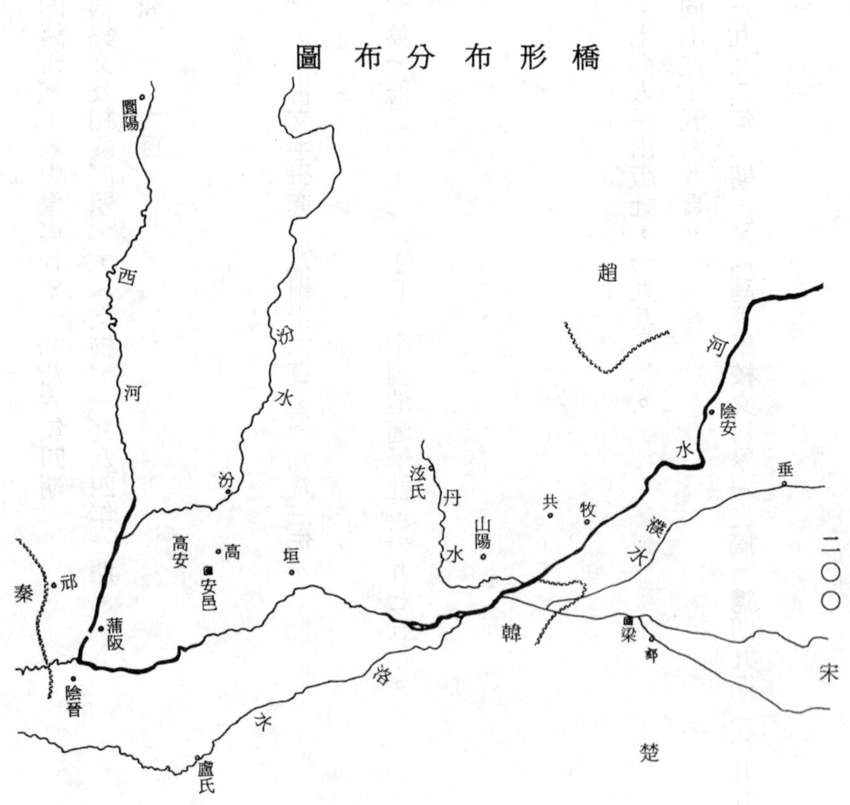

圖一

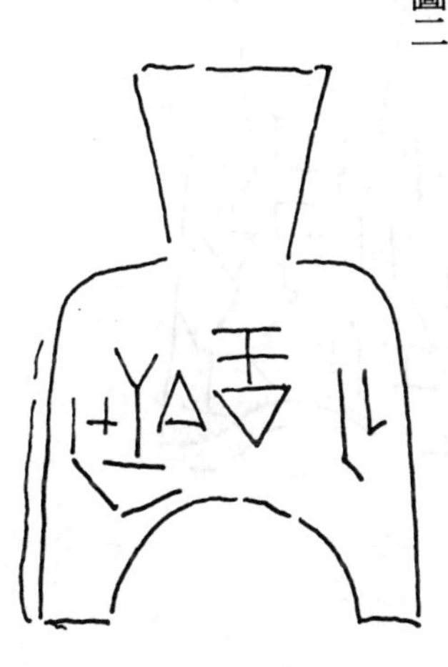
圖二

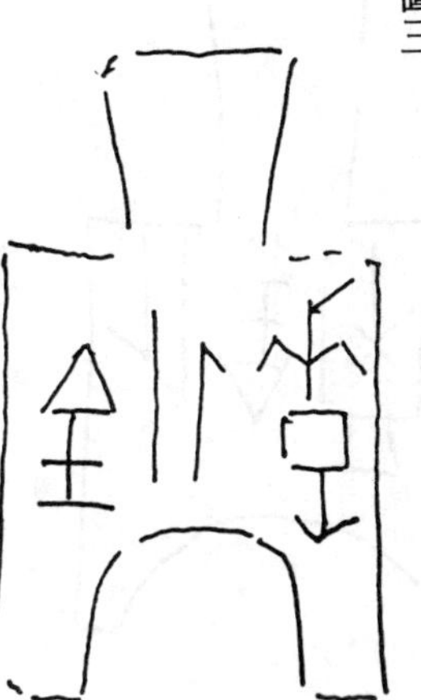
圖三

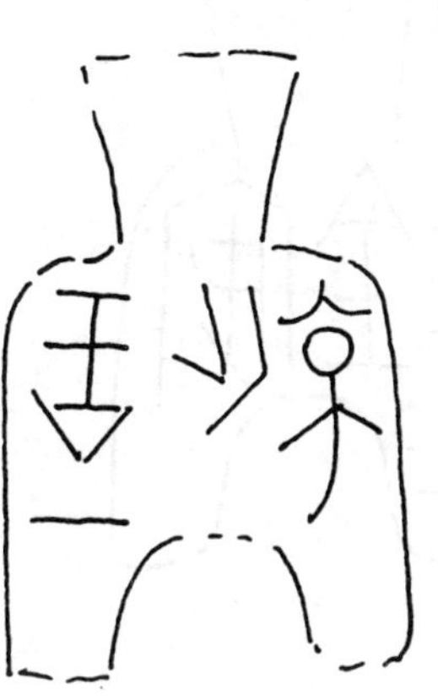
圖四

圖五

圖六

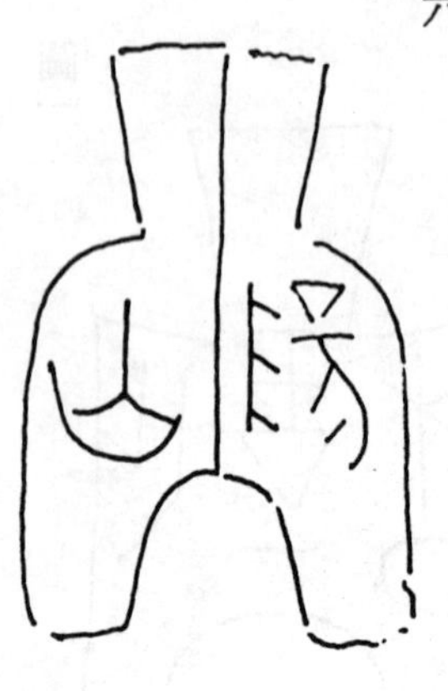

圖七

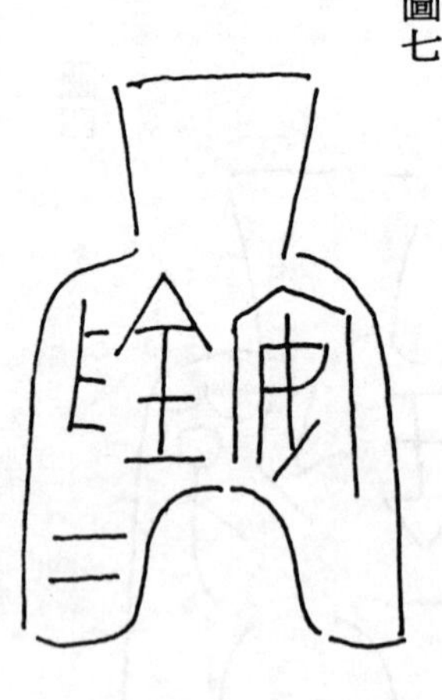

圖八

魏國方足布四考

下陽

《中國錢幣》一九九〇年三期六一頁新發表一品方足布，據云「聽松軒主珍藏」。銘文二字（圖一），智龕釋「蒙陽」（注一）。

檢戰或文字「冡」及从「冡」的「蒙」形體如次：

冡　　望山簡

　　陶彙四・一三七

蒙　　中山王方壺

與方足布右字字形毫無相似之處，故「蒙陽」之解釋殊不可據。

按，右字上从「宀」。戰國文字「宀」固然以作　形最爲標準，不過偶而也作　形。《文編》「宀」旁作　者如次：

安　　七五

宅 　八二

宋 　九八

尙 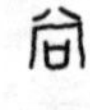　一一三

官 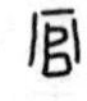　一一八

⿱宀缶　一六三

右字下从「下」。故此字應隸定「⿱宀下」。古文字「宀」與「广」做為形符往往可以互換（注二），參見《文編》：

安 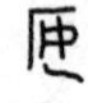　七四

宅 　八一

故「⿱宀下」即「⿸广下」。《玉篇》：「⿸广下，房屋也。」《集韻》：「廈，房屋也。或作⿸广下。」「夏」、「下」音近可通，「⿸广下」、「⿱宀下」均爲「廈」之異文。

「⿱宀下」从「下」得聲，例可讀「下」。方足布「⿱宀下易」即典籍之「下陽」。《春秋．僖公二年》：「虞師、晉師滅下陽。」注：「下邑，虢邑，在河東大陽縣。」（《公羊》、《穀梁》作「夏陽」，這與上文引《集韻》「廈」或作「⿸广下」，適可互證。）江永云：「《彙纂》今大陽廢縣在山西平陽府平陸縣東北十五里，又三十里爲故下陽城。今按，平陸縣漢爲大陽縣，東漢置河北縣，唐改平陸，今屬解州。又按，虢以國都爲上陽，故謂河北稍在下者爲下陽。《公》、《穀》作夏陽，音同

傳訛耳。」（注三）楊伯峻云：「據《元和郡縣志》，在當時陝州平陸縣東二十里。今平陸縣治又西南移，則當今治東北三十五里。」（注四）

總之，「[宀下]陽」即「下陽」，在今山西省平陸縣東北，戰國應屬魏境。

另外，《文編》「宅陽」布的「宅」字或作：

八三　八四

與本文所釋「[宀下]」形體頗近，有可能亦「[宀下]」之變。誌此備參。

瑕

《辭典》一三六著錄一品方足布，銘文一字（圖二），舊釋「交」。李佐賢云：「此亦似交字減旁，然上多一畫。背十紀數。古無私鑄之禁，故國中郊外，悉聽鼓鑄。此或郊民所爲歟？」（注五）朱活則認爲「交」是地名，即「交剛」，在山西隰縣境（注六）。

檢戰國文字「交」習見，僅舉二例：

璽彙〇六六九　仰天七

無一與方足布銘文相合，故舊釋方足布銘文爲「交」或「郊」顯然無據。方足布銘文多爲地名，人所盡知。然而釋「交」已誤，「交剛」地望的推斷尤爲牽強。

檢《說文》「𧰨」小篆作：

與方足布銘文十分接近，應是一字。《說文》：「𧰨，豕也。从彑，下象其足。讀若瑕。」其實「𧰨」應是「豭」之初文。《文說文》：「豭，牡豕也。从豕，叚聲。」「豭」是形聲字，「𧰨」則是象形字。甲骨文、金文「𧰨」字如次：

乙編四五四四

頌鼎

均象公豬而突出其生殖器（注七），方足布銘文即商周古文字之變。其頭部作形，可參見西周金文「豕」字作：

函皇父簋

「𧰨」字形體演變序列如次：

——————

據《說文》「𧰨」可讀「瑕」。周、晉、楚三國皆有地名「瑕」。楚地不流行方足小布，可以不論。周「瑕」見《左傳・昭公二十四年》：「王子朝之師攻瑕。」注：「敬王邑。」地望不詳。晉「瑕」見《左傳・僖公三十年》：「許君焦、瑕。」即所謂「河外」（杜注）之「瑕」，在今河南靈寶西曲沃城。又《左傳・成公六年》：「必居郇、瑕之地。」即所謂「河東」（杜注）之「瑕」，在今山西臨猗臨晉東北十五里（注八）。春秋晉之二「瑕」，戰國均屬魏境。方足布「叏」應是二「瑕」之一，已不宜確指。

耿

《辭典》三三九著錄一品方足布，銘文一字（圖三），舊釋「燕邑」二字（注九）。

戰國方足小布釋讀通例：凡右旁从「邑」的字，「邑」僅表城邑，不單獨視爲一字。只能將左旁和右旁組合隸定爲一字，即「叩」。例如《文編》「曲」（六八）（注十）、「示」（九一）、「弋」（九八）（注十一）、「合」（一四〇）（注十二）、「寽」（一五三）、「桀」（一七七）、「辝」（二〇一）、「烏」（二〇五）、「尋」（二一五）（注十三）、「堯」（二二五）、「鑄」（二三二）、「負」（二六三）、「禾」（二六五）（注十四）、「祇」（注十五）等，均右从「邑」旁。準是，所謂「燕邑」應是一字。其次，「燕」的小篆與方足布銘文左旁上部比較，顯然有很大的距離，故舊釋並不可信。

按，銘文左旁爲「炅」。其中「日」旁似从「一」，从「口」。實則二者稍有距離，屬「分割筆畫」現象（注十六）。此字左从「炅」，右从「邑」，理應隸定「郥」。據方足小布通例，可讀「炅」。《說文》：「炅，見也。从火、日。」

「炅」與「耿」均屬耕部，音近可通。《集韻》：「炅，光也。或作耿。」是其確證。「耿」，見《左傳．閔公元年》：「以滅耿。」注：「平陽皮氏縣東南有耿鄉。」釋文：「耿，國名。」江永云：「今山西平陽府河津縣東南有古耿城，一名耿鄉城。今按，殷祖乙圯於耿，即此。河津縣今屬絳州」（注十七）在今山西河津耿鄉城，戰國屬魏境。

向

《貨系》二二八〇著錄一品方足布，上海博物館所藏，銘文一字（圖四）。《貨系》釋「□邑」，誤以爲二字。據方足小布銘文通例，本品方足布只銘有一字，詳上文。

銘文左从「向」。戰國文字「向」習見，大致可分三類：

A　辭典六四九

B　九年鄭令矛

C　向子游鼎

B式下从「一」，C式下从「二」，均爲裝飾部見，無義。本品方足布銘文左下亦从「一」，顯然屬B式。故此字應隸定「⿰向阝」，讀「向」。

先秦地名「向」凡四見：

一・《左傳・隱公二年》：「莒人入向。」在今山東省莒縣南。
二・《春秋・襄公十四年》：「會吳于向。」在今安徽懷遠西北。
三・《詩・小雅・十月之交》：「作都于向。」在今河南濟源南。
四・《左傳・襄公十一年》：「諸侯會于北林，師于向。」注：「向地，在潁川長社縣東北。」

以上四「向」：山東之「向」戰國屬齊或楚，安徽之「向」屬楚或宋，均不流通方足小布，故可以不論。河南二「向」戰國均屬魏，應與方足布「向」有關。檢《史記・秦本紀》集解引古本《竹書紀年》：「魏哀王四年，改宜（晉）陽曰河雍，改向曰高平。」由此可見。戰國中期以後河南濟源之「向」已改名「高平」。方足小布的年代上限，一般定爲戰國中晚期，因此河東濟源之「向」也可以排除。最後只剩河南尉氏之「向」，似即方足布「向」。江永云：「《彙纂》今開封府尉氏縣西南之向城即長社東北之向城。城側向岡見《水經注》。」（注十八）

注釋：

一・智龕《蒙陽布》，《中國錢幣》一九九〇年三期。
二・高明《中國古文字通論》一七三頁，文物出版社，一九八七年。
三・江永《春秋地理考實》，引《皇清經解》卷二五二第二四二頁，上海書店，一九八八年。

四·楊伯峻《春秋左傳注》二八〇頁，中華書局，一九八一年。
五·李佐賢、鮑康《續泉彙》，引《辭典》下編一二頁，中華書局，一九八二年。
六·朱活《古錢新探》六三頁，齊魯書社，一九八四年。
七·唐蘭《天壤閣甲骨文存》四六頁，輔仁大學，一九三九年。
八·顧棟高《春秋大事表》，《皇清經解》卷七七，四八四頁，上海書店，一九八八年。
九·馬昂《貨幣文字考》、初尙齡《吉金所見錄》，引《辭典》下篇三〇頁。
十·李學勤釋，引《古文字研究》八輯六一頁。
十一·李家浩《戰國邙布考》，《古文字研究》三輯一六〇頁。
十二·張頷《古幣文編三釋》，中國古文字研究會第八屆年會論文，太倉，一九九〇年。
十三·朱德熙《古文字考釋四篇》，《古文字研究》第八輯一六頁，一九八三年。
十四·何琳儀《橋形布幣考》，見本書修訂稿。
十五·裘錫圭《戰國貨幣考》，《北京大學學報》一九七八年二期。
十六·何琳儀《戰國文字通論》二一三—二一四頁，中華書局，一九八九年。
十七·同注三，卷二五三第二四二頁。
十八·同注三，卷二五四第二四九頁。

原載《文物季刊》一九九二年四期

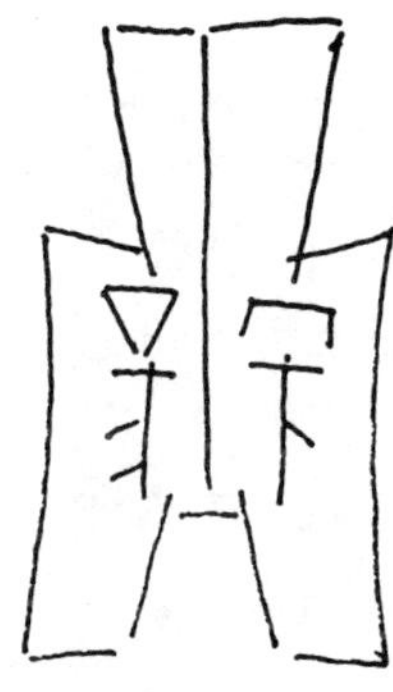
圖一

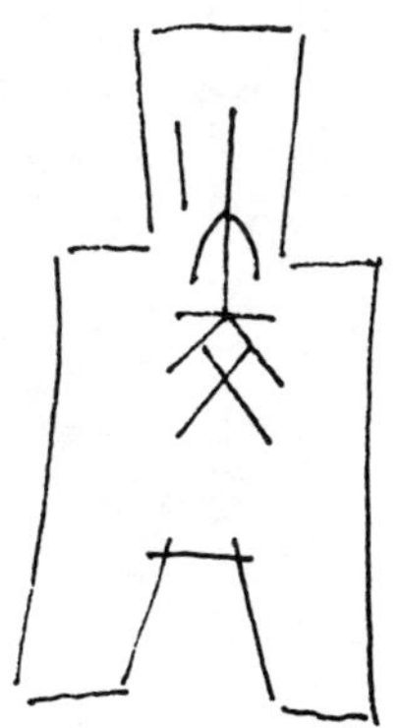
圖二

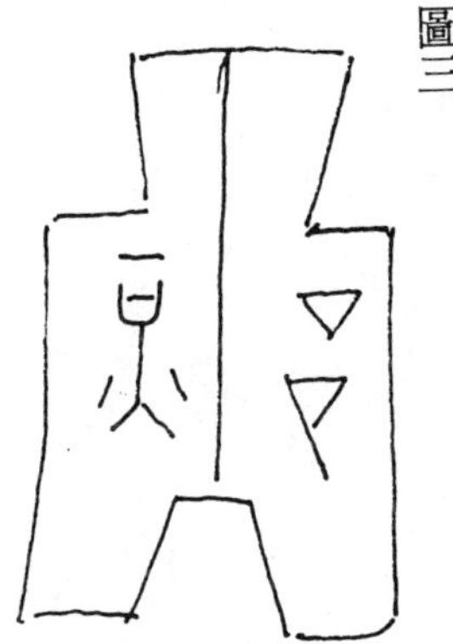
圖三

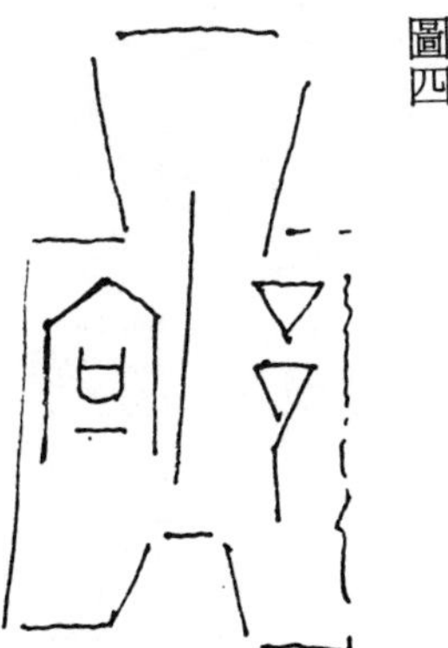
圖四

負疋布幣考

《中國歷代貨幣大系》一八八六著錄一枚上海博物館所藏方足小布（圖一），原書闕釋，又疑釋「鄭」。該布銘文右旁非「邑」，左旁亦非「奠」，故釋「鄭」顯然不妥。

一·首先討論左字。从該旁得聲的字有：

A　1　中山八二　　2　中山八二

B　1　文編二六四　　2　文編二八四

　　3　貨系一八八四　　4　璽彙〇〇四九

　　5　貨系一八七四　　6　文編二六四

C　1　少府銀節約　　2　璽彙五三四三

　　3　長陵盉　　4　中山鐓

　　5　璽彙〇三〇四　　6　璽彙五四一四

D　陶彙三·七四九

E [illegible]　璽彙〇五〇四

以上各字最能說明問題的是C字。絕大多數學者都認爲C應讀「府」，如「少府」（C1、C3）、「中府」（C4）、「[illegible]府」（C5）等。不過對C字的隸定有兩種不同的理解：

隸定「⿸府貝」，讀「府」。

隸定「⿸广負」，讀「府」。

第一種隸定的主要根據是上揭C6（圖二），應釋「⿸府貝」，C各體均爲「⿸府貝」之省簡（省「又」）。其實這方官璽應釋「又⿸广負」二字，讀「右府」（見燕國右府尹象尊）。不一定必釋一字「⿸府貝」。因此，筆者傾向第二種解釋，即釋「⿸广負」，讀「府」。

從字形分析，上揭A——E各字均从「負」。秦文字「負」作：

[illegible]　雲夢二四・三四

明確从「人」，从「貝」，與《說文》吻合。上揭六國文字「負」所从「人」作 N 形，其右側加一斜筆爲飾，乃「人」形之變體，參見（注一）：

及 [illegible]　侯馬三〇〇

貽 [illegible]　璽彙二九七六

長 [illegible]　璽彙〇八七八

夏 [illegible]　璽彙〇〇一五

六國文字「負」所从「貝」或省作「目」形，在戰國文字中屢見不鮮，勿庸舉例。至於B5、B6从雙「貝」，屬「重疊偏旁」現象，筆者曾舉大量例證說明（注二）。故A——E各字均可以釋讀。

A．「⿰立負」，應釋「⿰土負」（戰國文字「土」旁往往作「立」旁），「坿」之異文。「負」、「付」雙聲可通。《莊子．大宗師》：「彼以生爲附贅縣疣。」《荀子．宥坐》注引「附」作「負」，是其佐證。「坿」作「⿰立負」、與「府」作「⿸广負」屬平行異文現象。《說文》：「坿，益也。从土，付聲。」中山王墓雜器「⿰土負」均爲人名。

B．「⿰負阝」。B2所从「人」旁比較特殊，如果參照A2，知其應是「N」形之訛變。《古幣文編》二六四誤釋B2爲「□邑」二字，據該布拓本（圖三）似應釋一字（注三）。諸如此類舊釋爲「□邑」者，其實均是从「邑」从「□」的字。如「⿰切阝」、「郤」、「鄔」、「⿰禾阝」（注四）等，只能釋一字，而不能釋「□邑」二字。關於「⿰負阝」的地望，詳下文。「佫⿰負阝」應讀「洛府」，因此該壐很可能爲周壐。三晉文字「府」作「⿸广負」（上文所引銅器銘文），或作「坿」（《壐彙》〇〇〇九、〇三五二、一三八六、三四四二），而周文字作「⿰負阝」，這說明戰國時代早已淪爲蕞爾小國的東、西周，文字方面仍保留自己的特點。或釋「佫⿰負阝」爲「咎郎」（注五），非是。

C．「⿸广負」，諸家均讀「府」。「少府」、「中府」是習見的官府名。「又⿸广負」讀「右府」，顯然是與「中府」相對而言。至於「饋⿸广負」應讀「貸府」，應是古代原始信貸的機構，參見《周禮・地官・泉府》。

D・「蕢」，「蕢」之繁文。《說文》：「蕢，王蕢也。从艸，負聲。」陶文「蕢」應讀「負」，姓氏，舜之後。舜遷於負，以國爲氏，見《姓氏考略》。「蕢」亦可讀「苻」，姓氏，出有扈氏，見《十六國春秋》。

E・「饋」，「餚」之異文。《廣韻》：「餠，餠饇曰食也。」晉璽「饋」，人名。

二・其次討論左字。此字與「烏疋」（注六）方足布的「疋」，非一字而莫屬。另外，魏國文字「疋」（汝陽戟、《陶彙》六・一〇五）也可資比照。戰國文字「疋」及从「疋」得聲字甚多，茲不贅舉。

三・最後討論該方足小布的釋讀。如果按照一般貨幣銘文的讀序，自右向左讀「疋負」，一時很難找到與之相應的地名。如果從左向右讀「負疋」，則很容易使人聯想到典籍中的「負夏」。

「疋」、「夏」均屬魚部，音近可通。《說文》「疋」下云：「古文以爲《詩・大疋》字。」而今本《大疋》作《大雅》。這說明戰國古文以「疋」爲「雅」。劉臺拱據《荀子・榮辱》「越人安越，楚人安楚・君子安雅」，《荀子・儒效》作「居楚而楚，居越而越，居夏而夏」，謂：「雅、夏古字通。」（注七）梁啓超謂：「風雅之雅，其本字當作夏無疑。《說文》：夏，中國人也。雅音即夏音，猶言中原正聲爾。」（注八）《詩・小雅・鼓鐘》「以雅以南」，新出甚六鐘作「台夏台南」（

注九），使這一推測完全得到證實。「夏」與「南」對文，猶如莒叔之仲子平鐘「夏」（注十）與「東」對文（「聞于夏東」）。又《左傳．襄公二十八年》「公子雅」即《韓非子．外儲說右上》之「公子夏」。凡此說明，《詩》之《大雅》即《說文》之《大疋》，也即《墨子，天志》之《大夏》（注十一）。三體石經《僖公》「夏」之古文从「日」、「疋」聲作：

更是「夏」與「疋」相通的確證。準是，方足小布「負疋」可讀「負夏」。

地名「負夏」的來源甚古。《孟子．離婁》下：「舜生於諸馮，遷於負夏，卒於鳴條，東夷之人也。」注：「諸馮、負夏，皆地名，負海也。」《禮記．檀弓》上「曾子弔于負夏」，注：「負夏，衛地。」《史記．五帝本紀》：「舜，冀州之人也。舜耕歷山，漁雷澤，陶河濱，作什器於壽丘，就時於負夏。」集解：「鄭玄曰：負夏，衛地。」索隱：「《尙書大傳》曰『販於頓丘，就時負夏』，《孟子》曰『遷於負夏』是也。」關於「負夏」的地望，趙岐以爲「負海」，似乎是望文生義。鄭玄以爲「衛地」，則應有所本。又《水經．泗水注》：「瑕丘，魯邑，《春秋》之負瑕矣。《哀公七年》季康子伐鄭，囚諸負瑕。是也。應劭曰：瑕丘在縣西南。昔衛大夫叔文子升于瑕丘，蘧伯玉從，文子曰：樂哉斯丘，死則我欲葬焉。伯玉曰：吾子樂之，則瑗請前。刺其欲害民良田也。瑕丘之名蓋因斯以表稱矣。曾子弔諸負夏，鄭玄、皇甫謐並言衛地。魯、衛雖殊，土則一也。」酈道元以魯國之「瑕丘」爲衛國之「瑕丘」，前人已指出其誤，但酈氏以爲《左傳》「瑕丘」即《禮記》「負夏」，則值得注意。趙一清曰：「衛瑕丘在今開州東南三十里，秦置濮陽郡，即衛之帝丘，成公自楚丘來遷者也。公叔之云宜在彼地。道元誤以魯瑕丘當之，誠如方叔所譏。」（注十二）《中國歷史地圖集》二〇—二一③6定點於今河南濮陽東南，似即采此說。瑕丘地近衛國都城濮陽。據《史記·衛康叔世家》記載，戰國中期衛嗣君五年「獨有濮陽」，戰國晚期衛元君十四年秦國「并濮陽爲東郡」，知濮陽附近的負夏應一直屬衛地。

上文所引《姓氏考略》：「舜遷於負，以國爲氏。」似乎暗示「負夏」可以簡稱「負」。撿《路史·國名記》丁四：「負（負黍）。《世紀》：舜遷于負黍、按，少室一名黍室。負黍城在其南。《定六年》之負黍也。（杜云：陽城西南有負黍亭，今在登封。）」按，羅泌所記有誤。「負黍」與舜所遷「負夏」無關。但羅苹注以爲「負」即「負黍」，則殊堪注目。舜所遷爲「負夏」（見上引《孟子》）似可省稱「負」。這一點《路史》和《姓氏考略》均透露其間的消息。如是方足小布「負」疑即「負疋」的省略。這猶如小直刀「成白」或作「成」，「圁陽」或作「圁」（注十三）。

衛國貨幣至爲罕見。以往所定的衛幣多不可靠。如所謂「桃原」乃「榆即」之誤釋，所謂「越邑」乃「武邑」之誤釋（注十四）。因此，「負夏」布的發現尤其顯得重要。

注釋：

一．裘錫圭《戰國璽印文字考釋三篇》，《古文字研究》十輯七九頁。

二．何琳儀《戰國文字通論》一九五—一九六頁，中華書局，一九八九年。

三．承蒙張頷先生惠贈拓片，謹致謝忱。

四．方足小布「⿰禾卩」，拙文《橋形布幣考》曾誤釋。「禾」旁參見《古璽彙編》四四三〇—四四三二「秋」字所从「禾」旁。方足小布「⿰禾卩」與橋形布「禾」均應讀「和」，見《國語・晉語》八：「范宣子與和大夫爭田。」注：「和，晉和邑之大夫也。」

五．李家浩《戰國官印考釋》，《文物研究》七輯三四六頁。以「郎」左下多一點，故釋「郎」。其實這一點幾乎與框線重疊，很可能是鈐印時所致。《古璽彙編》附錄七就沒有這一點。最近出版的《珍秦齋古印展》三也沒有這一點。可見此字釋「郎」非是。

六．李家浩《戰國於疋布考》，《中國錢幣》一九八六年四期。

七．劉臺拱說，引劉寶楠《論語正義》，《諸子集成》一四五頁，中華書局，一九八六年。

八．梁啓超《飲冰室合集》一六冊九五—九六頁，中華書局。

九．《文物》一九八九年四期五二頁。

十．高明《古文字類編》九三頁，中華書局，一九八〇年。

十一．孫作雲《詩經與周代社會研究．說雅》三三九頁，中華書局，一九六六年。

十二．趙一清說，引王先謙《合校水經注》四〇二頁，巴蜀書社，一九八五年。

十三．《路史．國名記》己四一：「圁，圁陽縣，在西河。音銀。」

十四．朱活《古錢新探》六四頁，齊魯書社，一九八四年。

《中國文字》待刊

圖一

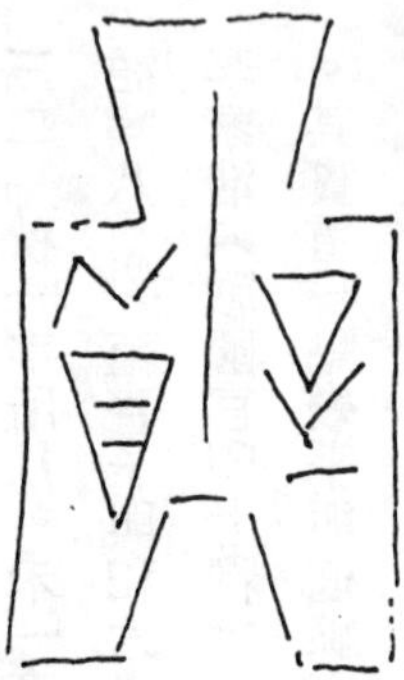

圖二

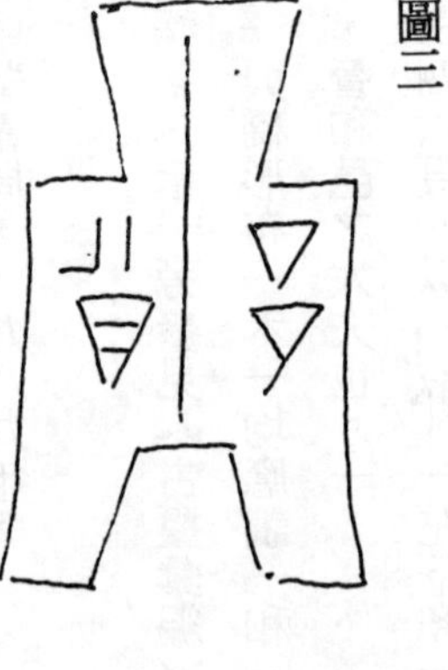

圖三

三晉方足布彙釋

戰國中晚期，三晉地區普遍流通平首方足布，或簡稱方足小布，或簡方足布。其銘文均爲地名，不重複者約計百種以上，堪稱各類貨幣之冠。這批大宗戰國文字材料，過去曾有若干著作予以系統整理研究（注一），現在看來尚不盡人意。今不揣淺陋，試將這批文字資料按韓、趙、魏三國分別簡釋，以供讀者參考。

本文體例如次：

一・材料以《中國歷代貨幣大系》（凡不標書名的編號均采此書）、《古錢大辭典》二書爲主，偶及其它著錄。

二・銘文雖可隸定，但地望無考者，諸如「馬雍」（一六九七）、「臣平」（一七九七）等均不收錄。

三・國別有兩種或多種可能者，暫歸入一國。

四・衛國、東周、西周等方足布未收入，詳另文。

五・除新說注明其出處之外，習見舊說均不注明出處。

六・有疑問者見各國「附錄」。

七・《史記》均省書名，僅寫篇名，如《秦本紀》、《趙世家》等。

韓國

一・「同是」（一五八二），讀「銅鞮」。《左傳・成公九年》：「晉人執諸銅鞮。」隸《地理志》上黨郡，在今山西沁縣南。地處韓、趙、魏三國交界。

二・「陽城」（一六八八）。《韓世家》：「文侯二年，伐鄭，取陽城。」隸《地理志》潁川郡。在今河南登封東南。魏、楚交地亦有陽城，在今河南漯河東。

三・「涅」（一八八七）。《水經・濁漳水注》引《竹書紀年》：「梁惠成王十二年，鄭取屯留、尚子、涅。」即《地理志》上黨郡之「涅氏」，在今山西武鄉西北。地亦一度屬趙，趙尖足布「日」（一二〇九）即讀「涅」（注二）。

四・「䨼」（一九三二）。《說文》：「䨼，雨䨼也。从雨，各聲。」「䨼」讀「路」或「潞」。《魯世家》：「晉之滅路。」《左傳・宣公十五年》：「辛亥滅潞。」即《地理志》上黨郡「潞縣」，在今山西潞縣東北。地處韓、趙、魏交界。

五・「烏疋」（一九五〇），讀「烏蘇」，即「閼與」（注三）。《括地志》：「閼與聚，今名烏蘇城。」《趙世家》：惠文王「二十九年，秦、韓相攻而圍閼與。」在今山西武鄉西北。又《秦始皇本紀》：十一年「王翦攻閼與、轑陽。」在今山西和順，屬趙。《魏世家》：「魏伐趙，拔閼與。」又一度屬魏。

六．「郲」（一九九四）。《左傳．隱公十一年》：「公會鄭伯于郲。」在今河南鄭州北。「郲」《春秋》作「時來」，注：「時來，郲也。」

七．「土爻」（二〇一四）（圖一），讀「土崤」。《水經．穀水注》：「穀水又東經土崤北。」在今河南澠池西。

八．「[illegible]」（二二一三）（圖二），疑讀「駘」或「怡」。《路史．後紀》四：「伊、列、舟、駘、淳、戲、怡、向、州、薄、甘、隋、紀，皆姜姓國也。」「駘」、「怡」地望不詳，估計在今河南中部。

九．「宅陽」（二〇二三）。《韓世家》：懿侯「五年，與魏惠王會宅陽。」在今河南鄭州北。

十．「毛陽」（二〇五六），讀「宅陽」，見上條。

十一．「唐是」（二二五六），讀「楊氏」。《左傳．昭公二十八年》：「僚安爲楊氏大夫。」在今山西洪洞東南（注四）。

十二．「[illegible]」（二二六四），釋「[illegible]」，讀「注」。《魏世家》：文侯「三十二年，伐鄭，城酸棗，敗秦於注。」正義：「《括地志》云：注城在汝州梁縣四十五里。注，或作鑄也。」在今河南臨汝西北。地亦一度屬魏。

十三．「[illegible]」（二二七〇），釋「鑄」，讀「注」，見上條。

十四．「郃」（二二七七），讀「鄶」（「合」、「會」一字分化）。《左傳．僖公三十三年》：「鄭葬公子瑕于鄶城之下。」注：「古鄶國，在滎陽密縣東北。」在今河南新鄭西北（注五）。「郃」舊釋「郃陽」，非是。

十五．「[illegible]」（二二七九），讀「汾」（注六）。《左傳．襄公十八年》：「子庚帥師，治兵於汾。」在今河南許昌南。又《韓世家》：桓惠王「九年，秦拔我陘，城汾旁。」《秦本紀》：昭襄王五十年「益發卒軍汾城旁」，則在今山西洪洞，臨汾之間，先後屬魏、韓。魏橋形布「分」（一四四三）亦讀「汾」。（注七）。

十六．「洀」（二二八四），讀「舟」。《國語．鄭語》：「十邑皆有寄地。」注：「十邑，謂虢、鄶、鄔、蔽、舟、依、柔、歷、華也。後桓公之子武公竟取十邑之地而居之，今河南新鄭是也。」在今河南新鄭附近。韓方足布「洀」與銳角布「舟」（一二二〇）應是一地（注八）。

十七．「宜陽」（《辭典》一六四）。《韓世家》：列侯「九年，秦伐我宜陽。」隸《地理志》弘農郡，在今河南宜陽西。

十八．「[illegible]氏」（《辭典》二五二），讀「綸氏」。《水經，伊氏注》引《竹書紀年》：「楚晉得帥師及秦伐鄭，圍綸氏。」在今河南登封西（注九）。

十九·「郜」（《辭典》二五四）。《左傳·成公十二年》：「焚我箕、郜。」在今山西浮山西。或以爲在今山西祁縣西，則屬趙。

二十·「尚子」（《辭典》二九九），讀「尙子」。《水經，濁漳水注》引《竹書紀年》：「梁惠成王十二年，鄭取屯留、尙子、涅。尙子，即長子之異名也。」隸《地理志》上黨郡。在今山西長子（注十）。

〔附錄〕

一·「𨛬水」（一五一九），讀「長水」，見《讀史方輿記要》河南府盧氏縣。在今河南盧氏東南。戰國是否有「長水」，待考。

二·「尹陽」（一六九六），讀「伊陽」，見《讀史方輿記要》河南府。在今河南嵩縣。戰國是否有「伊陽」，待考。

一・「閔」（一四五七），讀「藺」。《趙世家》：武靈王「十三年，秦拔我藺。」隸《地理志》西河郡，在今山西離石西。「閔」亦見趙尖足布、圓足布、圜錢。

二・「坙成」（一四八七）。上从「聯」之初文（注十一），下从「土」。「坙成」讀「欒城」（注十二）。《通志・氏族略・以邑爲氏》：「欒氏，姬姓。晉靖侯欒賓食邑趙州，平棘西北十六里古欒城是其地，以邑爲氏。」《讀史方輿紀要》直隸眞定府「欒城縣，春秋時晉之欒邑，漢之關縣，屬常山郡，後漢置欒城縣。」（「欒」見《左傳・哀公四年》）在今河北趙縣西。

三・「䣍子」（一四九三），讀「長子」。《左傳・襄公十八年》：「晉人執衛行人石買於長子。」《趙世家》：成侯五年「韓與我長子。」隸《地理志》上黨郡。在今山西長子。地亦一度屬韓。韓方足布「㟁子」（《辭典》二九九）與趙方足布「䣍子」雖屬同地，文字和國別不同。

四・「⿰了阝」（一五二三）（圖三），讀「⿰寮阝」。《爾雅・釋丘》：「丘上有丘爲宛丘。」注：「嫌人不了，故重曉之。」釋文：「了，本作憭。」是其佐證。陳純釜「安陵⿱宀了」，其「⿱宀了」見《搜眞玉鑑》：「⿱宀了，音了。」釜銘「⿱宀了」應讀「寮」《爾雅・釋詁》：「寮，官也。」此亦「了」、「寮」音近之證。「繚」，見《地理志》清河郡。在今河北南宮南。

五・「㽤安」（一五三五），讀「長安」。《趙世家》：孝成王元年「長安君爲質。」索隱：「孔衍云：惠文后少子也。趙亦有長安，今其地闕。」

六・「中都」（一五四九）。《左傳・昭公二年》：「執諸中都。」《趙世家》：武靈王「十年，奪取中都及西陽。」隸《地理志》西河郡。在今山西平遙西。

七．「中邑」（一五八〇）。見《惠景閒侯者年表》，隸《地理志》渤海郡。在今河北滄州東北，地處趙、燕、魏三國交界。

八．「北屈」（一四九三），見《地理志》河東郡。在今山西吉縣北。

九．「壤陰」（一六五八），讀「襄陰」，見《地理志》定襄郡，確切地望不詳（注十三）。

十．「屯留」（一六六六）。《趙世家》：「肅侯元年，奪晉君端氏，徙處屯留。」隸《地理志》上黨郡。在今山西屯留，戰國早期屬趙。戰國中期屬韓，見上「涅」條所引。戰國晚期又屬趙，見《秦始皇本紀》：「八年，王弟長安君成蟜將軍擊趙。反，死屯留。」

十一．「陽邑」（一六七九）。《水經．洞過水注》引《竹書紀年》：「梁惠成王九年，與邯鄲、榆次、陽邑。」《地理志》隸太原郡。在今山西太谷東北。

十二．「平陽」（一七三〇）。《秦始皇本紀》：「十四年，攻趙軍於平陽。」在今河北臨漳西南。又《韓世家》：「貞子徙居平陽。」在今山西臨汾西南，爲戰國早期都城。「平陽」布乃戰國中晚期貨幣，故與韓「平陽」無關。

十三．「平陰」（一七九九）。《趙世家》：幽繆王「五年，代地大動，自樂徐以西，北至平陰。」在今山西陽高西南。地亦一度屬燕，燕方足布「平陰」與趙方足布「平陰」實爲一地（注十四）。周亦有「平陰」，見《左傳．昭公二十三年》：「晉師在平陰。」在今河南孟津北。

十四．「平畓」（一八〇七），讀「平原」（西周金文「邍」，後世假「原」爲之，上从「畓」），趙平原君封地。《項羽本紀》：「田榮不勝，走至平原。」隸《地理志》平原郡。在今山東平原南。

十五．「平邑」（一八一〇）。《趙世家》：獻侯「十三年，城平邑。」隸《地理志》代郡。在今山西陽高南。又《水經．河水注》引《竹書紀年》：「十年，齊田肸及邯鄲韓舉戰於平邑。」在今河南南樂東北。二「平邑」均屬趙。

十六．「⿰彘阝」（一八一四），讀「彘」。《周本紀》：「厲王出奔於彘。」即《地理志》河南郡「彘縣」。在今山西霍縣。

十七．「祁」（一八四〇）。《左傳．昭公二十八年》：「賈辛爲祁大夫。」即《地理志》太原郡「祁縣」。在今山西霍縣。

十八．「⿰示⿰氏阝」（一八五〇）（圖四），「祁邸」合文，讀「狋氏」，見《地理志》代郡。在今山西渾源西北。

十九．「鄔」（一九三四）。《左傳．昭公二十八年》：「司馬彌牟爲鄔大夫。」即《地理志》太原郡「鄔縣」。在今山西介休東北。周亦有「鄔」，見《左傳．隱公十一年》：「王取鄔、劉之田于鄭。」在今河南偃師西南。

二十．「土勻」（二〇〇六），讀「土軍」。見《地理志》西河郡。在今山西石樓。

二一．「安陽」（二〇六四）。《趙世家》：惠文王三年「封長子章爲代安陽君。」即《地理志》代郡「東安陽」。在今山西陽原東南。魏亦有「安陽」，見《秦本紀》昭襄王五十年，：「寧新中更名安陽。」在今河南安陽。

二二．「⿰安阝陽」（二〇八九），讀「安陽」。見上條。「⿰安阝」作「安」，猶「⿰盌阝」作「盌」。

二三．「⿰弋阝」（二二〇三），讀「代」。《趙世家》：惠文王四年「於是乃欲分趙而王章於代。」即《地理志》「代郡」。在今河北蔚縣東北（注十五）。

二四．「貝阝」（二二五〇）。《字彙補》：「貝阝，地名。」「貝阝」讀「貝」。《廣韻》：「貝亦州名。春秋時屬晉，七國屬趙……周置貝州，以貝丘爲名。」或作「涢丘」，見《楚世家》：「夕發涢丘。」在今山東臨清南（注十六）。

二五．「楡即」（《辭典》二四八），讀「楡次」。《水經．洞過水》：「梁惠成王九年，與邯鄲、楡次、陽邑。」隸《地理志》太原郡。在今山西楡次北（注十七）。「楡即」亦見趙尖足布。

二六．「武邑」（《辭典》二七八），見《地理志》信都國。在今河北武邑。

二七．「⿸虍貝⿸广乇」（《辭典》一二一九），應釋「𪊨虎」，讀「鮮虞」。《左傳．昭公十二年》：「假道於鮮虞，遂入昔陽。」在今河北正定西北（十八）。

一・「北笄」（一六〇四），讀「北箕」，疑與「箕」有關。《左傳・僖公三十三年》：「晉人敗狄於箕。」在今山西太谷東。或以爲在今山西蒲縣東北，一度屬魏。

二・「北亓」（一六〇五），讀「北箕」，參上條。

三・「馯陽」（一六〇八），疑讀「沃陽」。見《地理志》雁門郡。在今內蒙涼城西南（注十九）。又疑讀「滎陽」。《韓世家》：桓惠王「二十四年，秦拔我城皋、滎陽。」隸《地理志》河南郡。在今河南滎陽東北。如讀「滎陽」，則屬韓幣。

四・「邸」（二〇二一），疑讀「泜」。《陳餘傳》：「斬陳餘泜水上。」在今河北泜水流域（注二十）。

五・「鄁」（二三三〇），「北邧」合文，讀「北箕」。參上「北笄」條。

六・「貝它」（二三三三），讀「貝地」。疑即「貝」或「涅丘」，見上「郥」條。

七・「大陰」（《辭典》一二），疑與「陰」有關。《左傳・僖公十五年》：「晉陰飴甥會秦伯。」注：「陰飴甥即呂甥也，食采於陰。」在今山西霍縣南。「大陰」又見趙尖足布。

八・「平夕」（《辭典》八四），疑讀「平利」，見《地理志》廣平國。在今河北邢臺東（注二一）。

九・「干（?）關」（《辭典》三三三），讀「扞關」（注二二）。《戰國策・趙策》一：「距於扞關，至於榆中，千五百里。」在今陝西膚施附近，或云在山西太原西。

十·「中亭（?）」（《文編》一八三）（圖五）（注二三），疑與「中人亭」有關。《左傳·昭公十三年》：「晉荀吳自著雍以上軍侵鮮虞，及中人。」據張曜《中山記》：「中山郡初治中人城，城中有山，故曰中山。」知「人」乃地名後綴（典籍習見）。而《後漢書·郡國志》中山國唐縣有「中人亭」，即「中人」。「中亭」、「中人亭」大概都是「中人」的不同稱謂而已。在今河北唐縣西南。

魏國

一·「莆子」（一五四〇），讀「蒲子」，見《地理志》河東郡。在今山西隰縣。

二·「𢽾垣」（一六一一），讀「襄垣」，見《地理志》上黨郡。在今山西襄垣北。

三·「咎奴」（一七一五），讀「咎如」。《左傳·僖公二十三年》：「狄人伐廧、咎如。」在今河南安陽西南（注二四）。或讀「高奴」，見《項羽本紀》：「王上郡，都高奴。」隸《地理志》上郡，在今陝西延安，亦屬魏。

四·「⿰禾阝」（一八六八）（圖六），左从「禾」，參見《璽彙》四四三〇—四四三二「秋」作⿰禾⿱日火所从「禾」旁。「⿰禾阝」讀「和」。《國語·晉語》八：「范宣子與和大夫爭田。」地望不詳，疑讀「邧」。又：「晉侯伐秦，圍邧、新城。」在今陝西澄城南。

五．「高都」（一九〇六）。《秦本紀》：莊襄王「三年，蒙驁攻魏高都、汲。」隸《地理志》上黨郡。在今山西晉城。又周、韓亦有「高都」，見《水經．伊水注》引《竹書紀年》：「梁惠成王十七年，東周與鄭高都。」在今河南洛陽西南。

六．「魯陽」（一九五八），讀「魯陽」。《楚世家》：肅王「十年，魏取我魯陽。」隸《地理志》南陽郡。在今河南魯山。

七．「𨛭氏」（一九八〇），讀「泫氏」。《水經．沁水注》引《竹書紀年》：「晉烈公元年，趙獻子城泫氏。」在山西高平。戰國早期屬趙，後屬魏。《太平御覽》卷一六三引《竹書紀年》：「梁惠王九年，晉取泫氏。」（注二五）

八．「郊」（二〇一九），讀「鄀」。《晉世家》：靈公「四年，伐秦取少梁，秦亦取晉之鄀。」在今陝西澄城西南。

九．「㳻」（二一五二），讀「梁」。《魏世家》：惠王三十五年「鄒衍、淳于髡、孟軻皆至梁。」又稱「大梁」。魏國後期都城，在今河南開封。魏橋形布亦有「梁」。

十．「皮氏」（二一八七）。《魏世家》：襄王六年「秦取我汾陰、皮氏、焦。」隸《地理志》河東郡。在今山西河津。

十一．「郇」（二二八〇），讀「向」。《左傳．襄公十一年》：「諸侯伐鄭，會於北林，師於向。」在今河南尉氏西南（注二六）。

十二・「叚」（《辭典》一三六），讀「瑕」。《左傳・僖公三十年》：「許君焦、瑕。」在今河南靈寶西南。又《左傳・成公六年》：「必居郇、瑕之地。」在今山西臨猗東南。二「瑕」均屬魏境（注二七）。

十三・「酉棗」（《辭典》一五〇），讀「酸棗」。《左傳・襄公三十年》：「駟帶近之，及酸棗。」隸《地理志》陳留郡。在今河南延津西南。

十四・「郕」（《辭典》一九三）。《春秋・隱公五年》：「秋，衛師入郕。」在今山東范縣東南。

十五・「壽金」（《辭典》三〇〇），讀「雕陰」。《魏世家》：襄王五年「秦敗我龍賈軍四萬五千於雕陰。」隸《地理志》上郡。在今陝西富縣北。地亦一度屬趙，趙尖足布作「壽险」（注二八）。

十六・「郥」（《辭典》三二九），讀「耿」。《左傳・閔公元年》：「以滅耿。」在今山西河津東南。

十七・「𡧊陽」（《中國錢幣》一九九〇・三・六一），釋「斥陽」，讀「下陽」。《春秋・僖公二年》：「虞師、晉師滅下陽。」《公羊》、《穀梁》作「夏陽」，在今山西平陸東北（注三十）。

〔附錄〕

一．「甲父」（一八一三），其中「父」脫一撇筆，則似「又」形（圖七）。戰國文字「釜」、「尃」所从「父」或作「又」旁，可資旁證。《左傳．昭公十六年》：「賂以甲父鼎。」在山東金鄉。

二．「田它」（《辭典》六五），讀「貫地」，即「貫」。《春秋．僖公二年》：「齊侯、宋公、江人盟于貫。」亦作「貫丘」。見《田陳世家》：宣公四十九年「伐衛取貫丘。」在今山東曹縣（注三一）。

三．「䣝」（注三二）（《辭典》一五一）（圖八）其左旁隸定參見《文編》三四四．三「雍」所从「隹」旁。「䣝」，疑讀「雖」。《路史．國名記》甲十八：「雖，開封長垣近須城是衛。今在澶之衛南二十八里。《衛詩》所謂，思須與曹者，繇聲轉也。」在今河南長垣東北。

四．「庄陽」（《辭典》一二〇六）（圖九），釋「宔陽」（參《侯馬》三一四「宔」字），疑讀「堵陽」，見《地理志》南陽郡。在今河南方城（注三三）。

注釋：

一．鄭家相《中國古代貨幣發展史》九二—一〇五頁，三聯書店，一九五八年。朱活《古錢新探》

六〇—六四頁，齊魯書社，一九八四年。
二·何琳儀《尖足布幣考》，《陝西金融》錢幣專輯（十六），一九九一年。
三·李家浩《戰國於疋布考》，《中國錢幣》一九八六年四期。
四·何琳儀《古幣文編校釋》，《文物研究》六輯，一九九〇年。
五·張頷《古幣文編三釋》，中國古文字研究會第八屆年會論文，太倉，一九九〇年。
六·何琳儀《韓國方足布四考》，《陝西金融》錢幣專輯（十八），一九九二年。
七·何琳儀《橋形布幣考》，《吉林大學學報》一九九二年二期。
八·同注四、六。
九·何琳儀《戰國文字通論》一〇八頁，中華書局，一九八九年。
十·同注四、六。
十一·裘錫圭《戰國璽印文字考釋三篇》，《古文字研究》十輯七九頁，一九八三年。
十二·黃錫全《中國歷代貨幣大系先秦貨幣釋文校訂》，《第二屆國際中國古文字學研討會論文集》，香港中文大學，一九九三年。
十三·同注九，一一五。
十四·何琳儀《燕國布幣考》，《中國錢幣》一九九二年二期。已收入本書。
十五·李家浩《戰國邙布考》，《古文字研究》三輯，一九八〇年。

十六．何琳儀《貝地布幣考》，《陝西金融》錢幣專輯（十四），一九九〇年。
十七．裘錫圭《戰國貨幣考（十二篇）》，《北京大學學報》一九七八年二期。
十八．何琳儀《趙國布幣三考》，《文物春秋》一九九二年二期。
十九．同上注。
二十．同注四。
二一．同注四、十八。
二二．同注四。
二三．承蒙張頷先生惠贈拓片，謹致謝忱。
二四．同注四。
二五．同注七。
二六．何琳儀《魏國方足布四考》，《文物季刊》一九九二年四期。
二七．同上注。
二八．同注二。
二九．同注二六。
三十．同注二六。黃錫全釋「宂（原）陽」，則爲趙幣。
三一．同注十六。

三二．同注四。

三三．何琳儀《句吳王劍補釋》，《第二屆國際中國古文字學研討會論文集》，香港中文大學，一九九三年。

《人文雜志》待刊

圖一

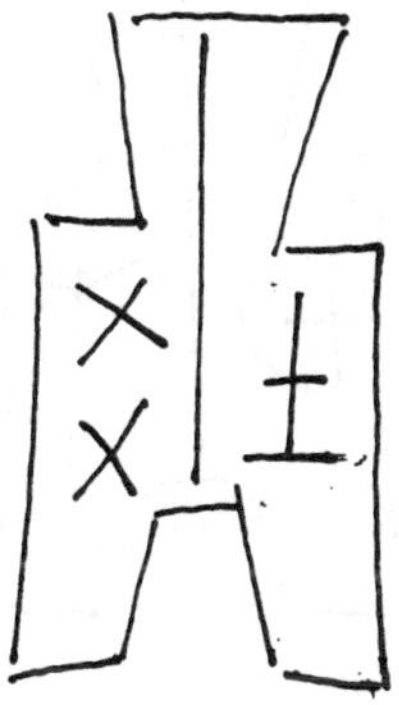

圖二

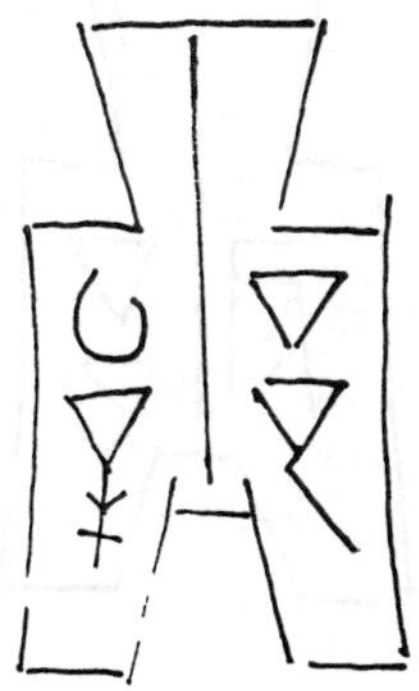

圖三

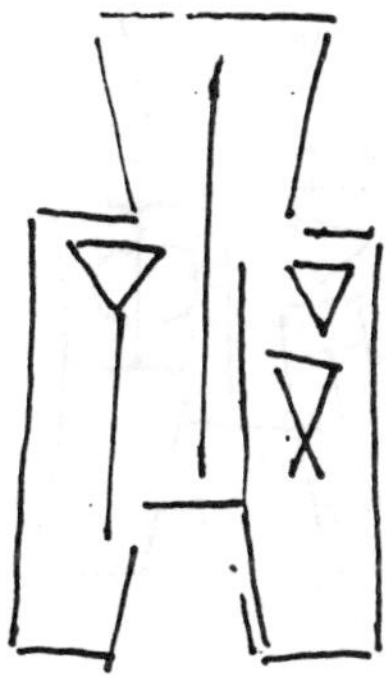

圖四

圖五

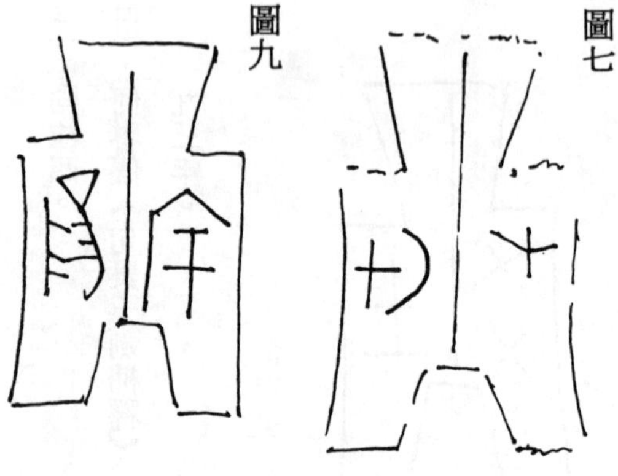
圖七

圖九

圖六

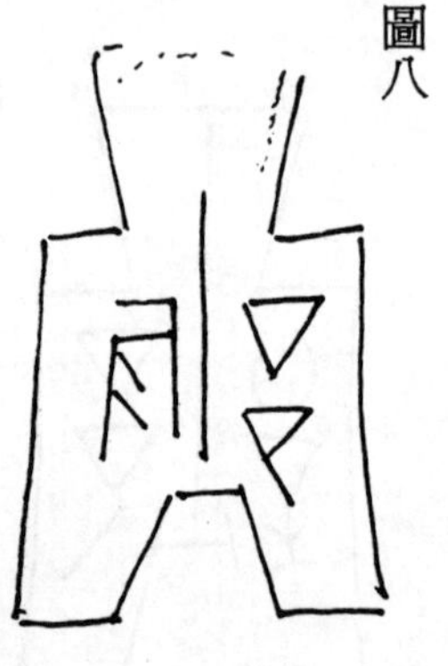
圖八

三晉圜錢彙釋

戰國三晉地區除大量流通各類布幣之外，在戰國晚期亦流通刀幣和圜錢。圜錢多有地名銘文，這是判定三晉圜錢國別的重要依據。多數學者認爲銘文有三晉地名的圜錢是三晉貨幣，但也有學者認爲這些圜錢地名「多半是被秦占領的趙、魏城邑」。兩周圜錢則「可能是呑併東、西周以後出現的地方鑄幣」，並均歸入秦圜錢範疇（注一）。爲了澄清問題，本文擬從三方面討論。

地名考訂

三晉圜錢品類不多，比較可靠者大概只有十種，均見《中國歷代貨幣大系》：

一·「閔」（四〇六五），讀「藺」，見《趙世家》：肅侯二十二年「秦殺疵河西，取我藺、離石。」隸《地理志》西河郡。在今山西離石西。

二·「[illegible]石」（四〇七四），讀「離石」，見上條引《趙世家》，隸《地理志》西河郡。在今山西離石。

三．「襄陰」（四〇四七），讀「襄陰」，見《地理志》定襄郡。在今山西西北長城以北，具體地望不詳。「襄」或釋「畢」（圖一），而「畢陰」似未見文獻。今暫讀「襄陰」。

四．「生坪」（四〇七五）（圖二），讀「廣平」。「生」、「黃」音近可通。「生」甲骨文从「王」得聲，「皇」亦从「王」得聲。「皇」與「黃」典籍往往假借，如《左傳．昭公七年》「黃帝」，《風俗通．聲音》作「皇帝」。《左傳，宣公十七年》「苗賁黃」，《漢書．古今人表》作「苗賁皇」等。「廣平」，見《地理志》廣平國，在今河北曲周北。據《水經．漳水注》：廣平設於漢景帝中元元年，由秦鉅鹿郡分出（注二）。眾所周知，漢初地名往往來源於戰國。圜錢銘文證明戰國末期已有「廣平」，不過寫作「生坪」，漢初沿用其名而已（注三）。「生」或釋「市」（注四）。按，圜錢與侯馬盟書「生」形體密合（詳下文），而與空首布「市」（四四）有別。今從《古幣文編》一〇三釋「生」。

五．「共」（四〇三六）、「共屯（純）赤金」（四〇四四）。其中「共」見《左傳．隱公元年》：「大叔出奔共。」即《地理志》河內郡「共縣」。在今河南輝縣。

六．「垣」（四〇二七），見《秦本紀》：昭襄王「十五年，大良造白起攻魏，取垣，復與之。」即《地理志》河東郡「垣縣」。在今山西垣曲東南。

七．「桼垣一釿」（四〇五五）。其中「桼垣」讀「漆垣」，見《地理志》上郡。在今陝西銅川西北（注五）。

八．「西周」（四〇八〇），見《周本紀》：「王赧時東、西周分治。王赧徙都西周。」在今河南洛陽。

九．「東周」（四〇七七），見《周本紀》：「考王封其弟於河南，是爲桓公，以續周公之官職。桓公卒，子威公代立。威公卒，子惠公代立，乃封其少子於鞏以奉王，號東周惠公。」在今河南鞏縣。

十．「安⿰爿臣」（四〇七九），應釋「安臧」，地望不詳。或以爲「安⿰爿臣」應讀「安藏」，不是地名。

另外，《起源》圖版肆壹著錄「侯（？）釿」、「周𤕫」，《新探》二六八頁著錄「武安」、「平备（原）」、「皮氏」等圜錢，銘文拙劣，其眞僞尙待硏究，暫可不論。至於《貨系》四〇六七「半圜」圜錢，由「半」字的結構和風格可以斷定爲秦國貨幣（六國文字「半」作「斗」）。或將其歸入三晉圜錢一類，殊不可據。

上揭十種圜錢銘文，除「安臧」的性質尙待硏究，其它九種均爲地名，且不出三晉、兩周範圍。値得注意的是，其中七種銘文也見三晉、兩周布幣。其對應關係參考下表：

	空首布	橋形布	尖足布	圓足布	方足布	圜錢
東周	東周				東周	東周
東周	安臧					安臧
魏國		共				共
魏國		垣				垣
趙國			藺	藺		藺
趙國			離石	離石		離石
趙國					襄陰	襄陰

這一現象已經暗示，圜錢是三晉、西周區域貨幣的晚期形式。

字形分析

判定戰國貨幣的國別，固然以銘文中地名爲主要依據。但是戰國地名屢易其主，同是一地可能先後屬兩國或多國，例如燕國、趙國方足布銘文均有「安陽」，趙國方足布、秦國圜錢銘文均有「長安」，其文字風格、形體結構頗有差異。這無疑也是判定器物的重要因素。上文所論圜錢銘文中的地名，既有可能屬於三晉，也有可能屬於秦國。下面不妨將圜錢部份銘文與三晉文字、秦國文字列表比較：

	三晉圜錢	三晉文字	秦國文字
垣	貨系四〇二八	貨系一六一一	漆垣戈

桼	貨系四〇五五	璽彙〇三二四（注六）	高奴權「漆」
蘭	貨系四〇六五	貨系二三四六	秦漢三六
離	貨系四〇七四	貨系二四二三	十鐘三・六三
陰	貨系四〇四七	貨系八一八	石鼓靁雨
生	貨系四〇七五	侯馬三一七	秦漢一二一「往」
平	貨系四〇七五	平安少府鼎	平周戈
臧	貨系四〇七九	貨系六四九	秦漢二〇三

從此表中不難看出，圜錢銘文與三晉文字密合無間，而與秦國文字大相逕庭。眾所周知，六國文字之間雖不盡同，但與秦國文字則有明顯的差別，自成體系。所謂「東土文字」與「西土文字」在戰

國文字研究中不宜混爲一談。這一字表有力地說明，上文所討論的圜錢銘文應屬六國文字系統，而不可能是秦國文字。

國別年代

上文所述圜錢銘文，除「安臧」不詳外，「藺」、「離石」、「廣平」、「襄陰」屬趙，「共」、「垣」、「桼垣」屬魏，「東周」、「西周」屬周。結合銘文風格，形體結構等方面考察，可統稱上揭圜錢爲三晉圜錢。這些圜錢能否是戰國晚期秦國統治下的趙、魏、周等國舊地所鑄造的貨幣呢？筆者認爲這種可能性甚小，這是因爲：

一．秦國是唯一使用圜錢而不使用其它貨幣的國家（或以爲方足布「寧」、「寶」是秦國貨幣，其實均爲贋品（注七））。齊國、燕國是刀幣的主要流通區域，戰國晚期也流通圜錢。似乎不能據此定齊、燕圜錢爲秦占領齊燕之時所鑄造的貨幣。同理，三晉圜錢也不一定必是秦占領三晉之時所鑄造的貨幣。戰國晚期，秦、齊、燕、三晉、兩周均鑄造圜錢，此乃一時風氣，交相影響，本不足爲異。

二．秦國圜錢銘文有「半兩」、「兩甾（錙）」、「半睘（環）」、「一珠重一兩十二」、「一珠重一兩十三」、「一珠重一兩十四」等，多銘幣值。又有「文信」、「長安」僅銘封君之號。凡此可證秦幣銘文並無地名（注八），與三晉貨幣多銘地名截然不同。這說明秦國貨幣一直由國家控制，統一督造，而三晉貨幣則由地方控制，分散鑄造。上揭三晉圜錢銘文為地名，與三晉布幣銘文為地名的通例相吻合。

三・以上圜錢銘文除「漆垣」可能由魏入秦的時間較早（約西元前二九〇年），其它銘文中地名於戰國晚期尚在趙、魏、周控制之內。因此這些地名不一定是被秦占領的城邑。

綜上所述，三晉、兩周地域除流通布幣外，也流通圜錢。其時間上限可能早到戰國中期，其下限則延至戰國末期。把三晉圜錢歸入秦國圜錢系統討論，猶如把趙國三孔布歸入秦國貨幣討論一樣是錯誤的。

一九九三年十二月

注釋：

一・朱活《古錢新探》二六七、二六八頁，齊魯書社，一九八四年。

二・全祖望《漢書地理志稽疑》卷二。

三・何琳儀《戰國文字通論》一一八頁，中華書局，一九八九年。又《廣平圜錢考》，《陝西金融》錢幣研究，一九九一年四期。

四．裘錫圭《戰國文字中的市》，《考古學報》一九八〇年三期。
五．裘錫圭《戰國貨幣考（十二篇）》，《北京大學學報》一九七八年二期。
六．何琳儀《古璽雜識續》，《古文字研究》十九輯，一九九二年。
七．唐石父《重印古泉雜詠序》，北京大學出版社，一九八八年。
八．蔡運章《秦國貨幣試探》，《中州錢幣論文集》，一九八六年。

圖一

圖二

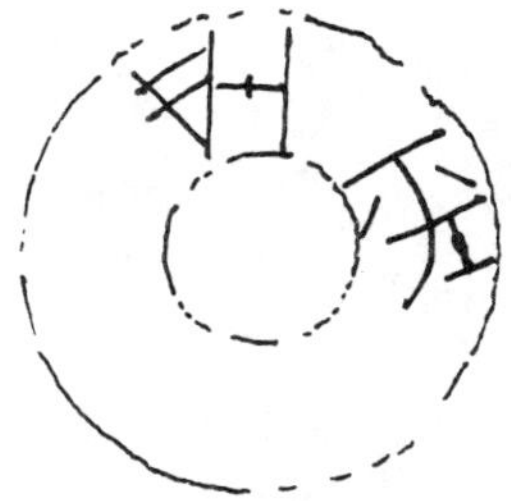

楚幣五考

杬比堂圻

《貨系》四一七六著錄燕尾布，銘文四字（圖一）。

首篆字原作：

以往有釋「殊」、「莊」、「端」、「郲」、「沛」、「旆」、「枎」等說（注一）。筆者曾經釋「橈」（注二），後來又據《秦漢》九〇四「无」作：

改釋「杬」，讀「模」，並謂「杬（模）比（幣）」猶「法錢」（注三）。「杬」字的隸定近來已得到若干學者的認同，但對其釋讀仍有分歧。或謂讀「杬（撫）」有「大」義（注四），或讀「杬」爲「母」（注五）。

今按，从「無」得聲字確有「大」意。檢《爾雅．釋詁》：「幠，大也。」郝懿行曰：「幠者，

《說文》云：覆也。覆冒亦爲大。故《方言》云：幠，大也。《詩》『亂如此幠』，毛傳同。通作膴，《儀禮．公食大夫禮》及《周禮．腊人》鄭注並云：膴，大也。膴義與廡同。韋昭《晉語》注云：廡，豐也。豐亦大也。……幠、荒聲轉。《詩．天作》傳：荒，大也。凡聲同、聲、近聲轉之字，其義多存乎聲，皆此例也。」（注六）

第二字舊釋「比」（注七），驗之傳鈔古文，十分可信。「比」可讀「幣」（注八。）

第三字應隸定「坣」（戰國文字「土」字或作「立」形），即「堂」之省文，應讀「當」。

第四字應隸定「忻」。其左旁「十」其實爲「土」之省簡，貨幣銘文中習見（注九）。「忻」應讀「釿」，亦見空首布、橋形布等。

燕尾布「杬比堂釿」應讀「幠幣當釿」，指一枚大型布幣相當一釿。如果此釋不誤，燕尾布銘文可與新莽布幣銘文「大布黃（衡）千」對讀。「杬比」、「大布」均指大型布幣。以此類推，連布銘文「四比（幣）堂（當）釿」應是小型布幣。燕尾布的重量大約三十克左右，連布的重量大約十五克左右。二者之間顯然有「子母相權」的關係。這也是「杬」有大意的又一旁證。

順便說明「无」字的形體來源。檢《說文》「無」奇字作：

故「无」理所當然與「無」形體有關。衆所周知，「無」爲「舞」之初文，象「大」形持尾狀物而舞。春秋金文「無」所从「大」形或作「夫」形：

毛弔盤　子璋鐘

「夫」形完全對稱，然而也有不對稱者：

庚兒鼎　王子申盞盂

戰國秦漢文字之「无」即由這類不對稱者演變而來。換言之，截取「無」中間「夫」形即是「无」。其演變序列為：

専銿

《貨系》四二六五著錄金版，銘文二字（圖二）右字原篆作：

舊多釋「專」，讀「鄟」，為古國名。一說在今郯城東北，一說在今山東濟寧南。其實戰國文字「專」多作：

與上揭金版銘文相較顯然少一豎筆，並非一字。筆者曾隸定金版銘文為「専」（注十）。今試作說明。

按，《貨系》著錄三孔銘文「上専」、「下専」之「専」均讀「博」（注十一），原篆作：

二四六九　　二四七一

以其與金版銘文相互比較，不過多一裝飾斜筆而已，「又」作「寸」形，在戰國文字之中本是司空見慣的現象。

金版銘文「専鍽（稱）」與其它金版銘文，諸如「郢爯（稱）」、「陳爯（稱）」、「⿰鬲阝（酈）爯（稱）」（注十二）等，辭例吻合，故「専」應是地名。

金版銘文「専」讀「郙」。《說文》：「郙，汝南上蔡亭。从邑，甫聲。」在今河南上蔡西南。一九八〇年，河南固始出土郙王劍，（《中原文物》一九八一年四期）。傳世品有輔伯雁父鼎（《貞松》三・七）。其中「郙」、「輔」、「専」均爲一地，不過時間有早晚而已。戰國時期，今河南上蔡一帶無疑應屬楚境。

少貞

《貨系》四二七四著錄金版，銘文二字（圖三）。舊多以爲一字，即「潁」，實不可信。近年或改釋二字「少貞」讀「小鼎」（注十三）。

檢楚簡「貞」字習見，均作：

與金版銘文左字吻合無間。故金版銘文隸定爲「少貞」，十分正確。至於二字的確切含義，似乎應參照其它金版銘文的格式釋讀。金版銘文除「羕（養）夌（陵）」爲純粹地名之外，其它均爲地名之後綴以貨幣名稱的格式。例如「郢稱」、「陳稱」、「専稱」、「鄗稱」、「鹽金」（注十）等。其中「郢」、「陳」、「専」、「鄗」、「鹽」爲地名，「稱」、「金」爲貨幣名稱。因此「少貞」的「少」也可能是「地名」，而「貞」則是貨幣名稱。基於這種認識，筆者試做如下推測：

「少」，爲「沙」之初文，與「瑣」音近可通。《春秋·成公十二年》：「夏，公會晉侯、衛侯于瑣澤。」《公羊傳》作「沙澤」。《春秋·定公七年》：「齊侯、衛侯盟于沙。」《左傳》作「瑣」，均其佐證。金版銘文「少」亦應讀「瑣」，楚地名。《左傳·昭公五年》：「越大夫常壽過帥師會楚子于瑣。」注：「瑣，楚地。」在今安徽霍邱。

衆所周知，「鼎」、「貞」一字之分化。《說文》：「貞，……一曰，鼎省聲。……籀文以鼎爲貞字。」而「鼎」與「丁」音近可通。《說文》：「頂，籀文作𩠐。」是其證。朱珔曰：「《漢書·賈誼傳》：春秋鼎盛。又《匡衡傳》：無說詩，匡鼎來。注：鼎猶言當也。此以鼎爲丁之假借也。當，丁也。」（注十五）

金版銘文「貞（鼎）」疑讀「釘」。《說文》：「釘，鍊鉼黃金。」段注：「《周禮·職金》：旅于上帝，則共其金版，饗諸侯亦如之。注曰：鉼金謂之版。」《爾雅·釋器》：「鉼金謂之鈑（釋文亦作版）」許慎所謂「鍊鉼」即「謂鍊冶金爲版金」（注十六）。由此可見，「釘」的本義是經過冶煉的金版。金版自銘「釘」順理成章。總之，楚金版銘文「少貞」，應讀「瑣釘」，似乎是指瑣地的金版。

福壽

《貨系》四二七七著錄鉛版，銘文二字（圖四）。原釋「壽春」，可能是根據柯昌濟所謂「壽春鉛瓦」而釋（注十七）。筆者曾改釋爲「福壽」（注十八），今補充說明。

鉛版銘文右字應釋「福」，在楚文字中習見：

貨系四二七七　璽彙三五八一

仰天三一　信陽一·〇一一

包山三七

望山一·四三　楚帛書

鉛版銘文左字原釋「壽」，驗之壽春鼎銘「壽」字十分正確。

值得注意的是，後世習見「吉語」中的「福壽」亦見楚璽（《璽彙》三五八一、四六八六），二者字體亦頗近。《顏氏家訓·歸心》：「盜跖、莊蹻之福壽。」

見金

所謂「良金四朱」、「良金一朱」（圖五）錢牌，最早由清道光年間劉燕庭所得，收入《長安獲古編》和《古泉苑》。本世紀八十年代，湖北大冶、陽新、蘄春、鄂州相繼發現錢牌實物。值得注意的是，蘄春出土錢牌又獲新品「良金二銖」（注十九）

所謂「良」，原篆作：

筆者舊疑「見」字（注二十）。近見有文已釋「見」讀「現」。並引長沙出土泥版銘文「見金」爲證（注二一）。確不可易。茲略補苴三事：

一・楚系文字「見」及从「見」之字甚多，茲選取其中與錢牌形體相同或相近者數例：

見　　包山一七

䮾　　隨縣一四七

梘　　信陽二・〇三

筧　　望山二・二

鋧　　包山二七六

看來錢牌銘文所謂「良」字應改釋「見」，是沒有問題的。

二・「見」或讀「現」，在文獻中習見。例如：《史記・項羽本紀》「軍無見糧」，正義：「無現在之糧。」《漢書·王莽傳》下「食無見穀」，注：「見，謂見在也。」《廣韻》「見」除有「古甸切」本音之外，尙有「胡甸切」變音。後者正讀「現」。南宋關子鈔版銘文有「金銀見錢關子」，其中「見錢」無疑應讀「現錢」。

三·「見金」，見《新唐書·姚璹傳》：「功費浩廣，見金不足。」這裡的「見金」可能是文獻中最早的出處。「見金」錢牌的重新釋讀，使這一個詞彙上溯至戰國晚期。換言之，今天通常所說的「現金」，早在戰國時期已是商業中習見的術語。這在經濟學史方面的意義是不言可喻的。

一九九三年十二月

注釋：

一·引朱活《古錢新探》二〇三頁。

二·何琳儀《長沙帛書通釋》，《江漢考古》一九八六年一期。

三·何琳儀《說无》，《江漢考古》一九九二年二期。

四·劉宗漢《柸比堂圻布新考》，《中國錢幣》一九九二年二期。

五·黃錫全《中國歷代貨幣大系先秦貨幣釋文校訂》，《第二屆國際中國古文字學研討會論文集》，香港中文大學，一九九三年。

六·郝懿行《爾雅義疏》。

七．馬昂《貨幣文字考》，引《辭典》下二三頁。

八．李家浩《戰國貨幣文字中的㡀和比》，《中國語文》一九八〇年五期。

九．何琳儀《貝地布幣考》，《陝西金融．錢幣專輯》（十四），一九九〇年。

十．何琳儀《尖足布幣考》，《陝西金融》錢幣專輯（十六），一九九一年。

十一．裘錫圭《戰國貨幣考（十二篇）》，《北京大學學報》一九七八年二期。

十二．黃盛璋《新出戰國金銀器銘文研究》，《古文字研究》十二輯，三三九頁，一九八五年。按，《龍龕手鏡》「酈」俗體作「鄙」（鄙），可資佐證。此字亦見包山簡。

十三．李學勤《東周與秦代文明》三一九頁。文物出版社，一九八四年。朱活《新探》二二〇頁讀「小鼒」。

十四．據黃錫全先生來函賜示隸定。「鹽」疑今江蘇鹽城。

十五．朱珩《說文假借義證》。

十六．孫詒讓《周禮正義》六九．五。

十七．柯昌濟《金文分域編》三。一九八八年，曾致函柯昌濟先生，承其賜答曰：「所示壽縣朱家集所出鉛瓦一目，當時僅據報刊資料，記未明細，現已無從詳考，惟古物中鉛製之品確爲罕見。」

十八．何琳儀《古幣文編校釋》，《文物研究》六期，一九九〇年。

十九．張壽來、汪宗耀《湖北蘄春出土一批戰國青銅器》，《文物》一九九〇年一期。

二十．一九九二年，筆者致黃錫全信函中提及「見」字的釋讀。

二一．曲毅《鄂東南出土錢牌考》，《中國錢幣》一九九三年二期。

金版分佈圖

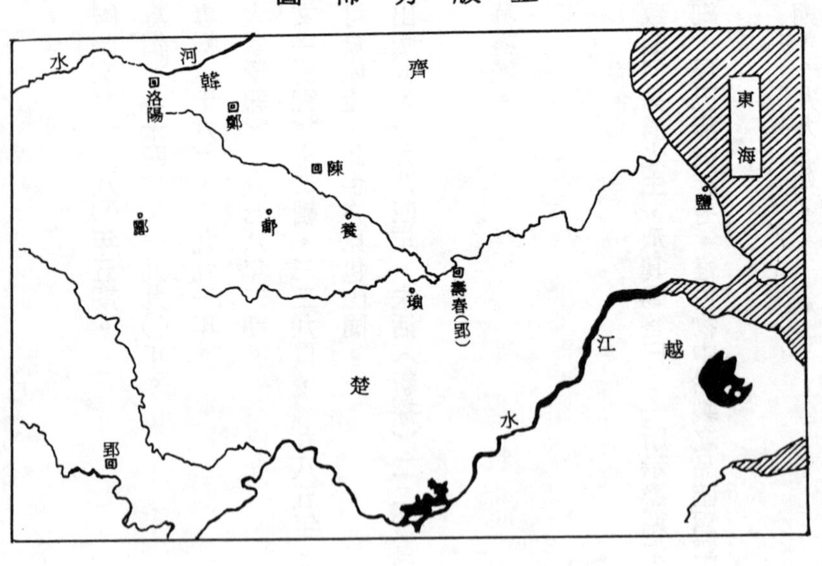

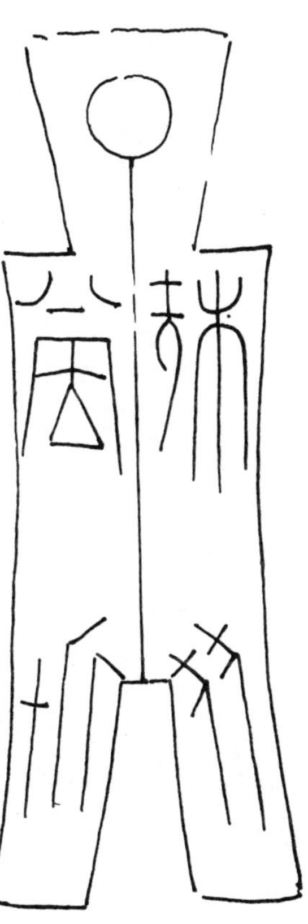
圖一

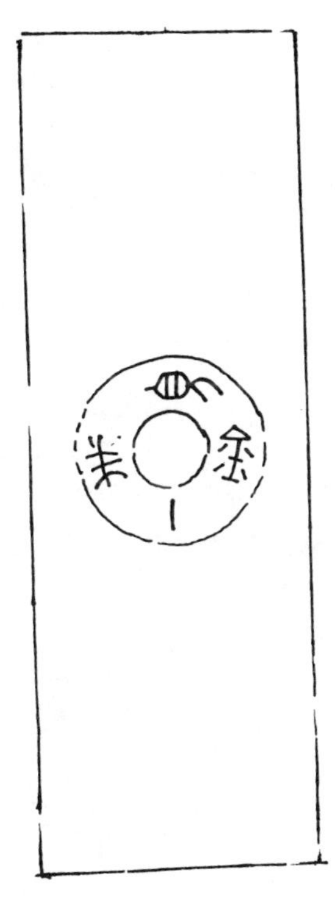
圖五

圖二

圖三

圖四

古幣文編校釋

《古幣文編》（下文簡稱《文編》）是繼《先秦貨幣文編》之後的又一部先秦貨幣字典，二者都是研究先秦貨幣文字不可須臾而離的工具書。《文編》後出轉精，取材嚴謹，釋文準確，兼附辭例、出土地點，使用尤便。然而《文編》也有如下不足之處：

一·《文編》甄選實物拓本而精摹，是其優長；然亦偶有遺漏，而應補入者。《文編》於舊譜錄只採用《古錢大辭典》、《東亞錢志》、《中國貨幣史》、《我國貨幣的起源和發展》等四種，這就勢必使若干精品不能收入。例如：齊刀「闢封」從圜圈的「闢」、燕布「右明辝強」的「辝」、東周布「北尋」、趙布「余水」、魏布「下陽」、楚金版「漾陵」、楚鉛版「福壽」等。至於《文編》所收錄的三孔布，尚不及其總數的一半。諸如此類都是比較重要的先秦貨幣。

二·《文編》釋文間有可商，「附錄」有可納入「正文」者。

三·《文編》釋文讀序偶而顛倒。

筆者擬就《文編》第二、第三兩方面問題，採用諸家之說，列成一表。至於筆者管見，多見另文。見仁見智，不敢必是。本文校釋僅供讀者參考。校釋凡例如次：

一．第一行是單字或合文的原篆。

二．第二行是《文編》頁碼和行數，如「5.2」表示原篆見《文編》第五頁第二行。

三．第三行是《文編》釋文。原篆用「□」號表示，字右「·」號與校釋對應。

四．第四行是校釋。原篆用「□」號表示，暫不能隸定。字右「·」號與《文編》釋文對應。校釋有注釋者多爲近人新說，習見舊說則不加注釋。

五．第五行是幣文中古地名、古辭語的文獻出處。

六．第六行是貨幣國別。「周」表示東周國和西周國分裂以前的周王朝，其中也包括春秋時期晉、鄭、宋、衛等國。「魏」也包括戰國時期的衛國。此類材料比較罕見，且不易確指，故暫不細分。

七．第七行是貨幣形制，其簡稱如次：

刀大——大型刀　　刀尖——尖首刀

刀弧——弧背刀　　刀折——折背刀

刀直——小直刀　　布空——空首布

布銳——銳角布　　布尖——尖足布

布圓——圓足布　　布橋——橋形布

布方——方足布　　布燕——燕尾布

錢圓──圓孔錢　　　錢方──方孔錢

貝　──銅　貝　　　版　──金　版

八·《文編》「附錄下」乃據照片所摹，其中或有可釋讀者，茲一併從略。

九·《文編》以下情況不校：自爲體例，如列「百」於「金」下（一〇五），列「易」於「易」下（一二一）；明顯筆誤，如「土勻」誤作「勻土」（一三·二），「典一五〇」誤作「典一〇五」（二〇二·五）；前後重出，如「椺」見二七一·一，又見二八六·七。

正文

原篆	頁碼	原釋	校釋	文獻	國別	形制
[illegible]	6.8	七	刀		燕	刀弧
[illegible]	6.8	七易	易(陽)曲	地理志·太原郡	趙	布尖
[illegible]	7.6	少七□□	少曲(1)市南	國策·燕策一	周	布空

[illegible]	27.1	王□(化)	王刀	墨子・經說下	趙	刀直
[illegible]	32.5	齊夻化	齊杏(大)邒(刀)(2)		齊	刀大
[illegible]	34.3	白人□(化)	白(柏)人刀		趙	刀直
[illegible]	36.4	一□(化)	一刀		燕	錢方
[illegible]	36.4	明□(化)	明刀		燕	錢方
[illegible]	40.1	卝(礦)	卝(關)(3)	地理志・常山郡	趙	布圓
[illegible]	54.4	玄□	百邑	趙世家・襄子四年	周	布空
[illegible]	59.7	齊夻(瀆)化	齊杏(大)(4)邒		齊	刀大
[illegible]	68.3	下邙陽	下鄐(曲)陽(5)	國策・燕策三	趙	布圓

折	87.5	□□當忻	柷比當圻(釿)		楚	布燕
旨	90.8	旨	爿(蓄)	國策・魏策三	周	布空
[illegible]	95.6	邚	邚(代)(6)	國策・趙策一	趙	布方
[illegible]	98.4	□明□冶	右明辝(司)强(鏹)(7)		燕	布方
金	105.6	玄金	百邑	趙世家・襄子十四年	趙	布空
[illegible]	105.6	西金	盬(鹽)(8)金		楚	版
[illegible]	106.6	□□涅	舟百涅(盈)	國語・鄭語注	韓	布銳
金	106.6	□□涅	舟百(9)涅(盈)	國語・鄭語注	韓	布銳
[illegible]	113.4	梁正尙百當鍰	梁正㡀(幣)(10)百當鍰		魏	布橋

字形	編號	釋文	改釋	出處	國別	幣類
[illegible]	117.3	衩	鈙(注)	魏世家・文卅二年	周	布空
[illegible]	123.4	阜	爿(蕭)	國策・魏策三	周	布空
[illegible]	125.5	本	未		周	布空
[illegible]	138.4	俞(榆)皂(即)	貝地	地理志・清河郡	趙	布方
[illegible]	143.1	郢爰	郢爯(稱)(11)		楚	版
[illegible]	149.3	□湼	百湼(盈)(12)		韓	布銳
[illegible]	159.7	□唐	唐(楊)是(氏)(13)	左昭・廿八	韓	布方
[illegible]	160.4	齊造邦張厺化	齊返(14)邦張大朊	莊子・讓王	齊	刀大
[illegible]	162.6	恭昌	悓(廣)昌(15)	地理志・代郡	燕	布方

字形	頁碼	原釋	校釋	出處	國別	類別
	163.5	平宿(寶)	平宿(陶)	地理志·太原郡	趙	布尖
	200.5	渝	洀(舟)	國語·鄭語注	韓	布方
	201.3	郐	郐(怡)	國語·鄭語注	韓	布方
	209.1	俞(榆)皀(即)	貝地(16)	地理志·清河郡	趙	布方
	209.6	俞(榆)皀(即)	貝也(地)(17)	地理志·清河郡	趙	布方
	213.3	郣氏	鄂(18)(泫)氏	紀年·梁惠王九年	魏	布橋
	215.2	壽全	壽(雕)陸(陰)	魏世家·襄五年	魏	布方
	224.8	齊川釿	厽(三)川釿	國策·西周策	周	布空
	235.3	節郻之厺化	節劉(墨)(19)大刀	國策·齊策一	齊	刀大

	263.7	□	鄖(負)	路史・國名紀	魏	布方
	265.2	□	邾(和)	國語・晉語八	魏	布方
	267.2	□	祁(狋)氏[合文]	地理志・代郡	趙	布方
	270.4	□氏	鄃(綸)氏(20)	紀年・魏紀	韓	布方
	271.1	□釿	梋(郊)釿	說文	魏	布橋
	271.2	□城	城襄(21)(鄉)	地理志・廣平國	趙	布尖
	272.2	左□	左中(22)		燕	刀弧
	275.2	□	巽(23)(選)		楚	貝
	276.1	□	𠙶朱(銖)		楚	貝

	276.1	□	圣朱(銖)		楚	貝
	276.2	□	圻(釿)(24)		楚	貝
	276.3	簹□□	簹(莒)冶(25)□		齊	刀弧
	276.4	□一釿	坴(26)(牧)一釿	古尙書	魏	布橋
	276.8	□□	榦(韓)刀(號)	水經·聖水注	燕	布方
	277.5	□	需		周	布空
	277.7	□□當圻	杬(橅)比當圻		楚	布燕
	278.4	子□	㝃(尙)子	紀年·梁惠成王十二年	魏	布方
	278.6	□陰	襄陰(陰)	地理志·定襄郡	魏	錢圜

	279.1	・武□	・武采(遂)	韓世家・襄六年	周	布空
	279.6	・□二釿	・垂(垂)二釿	左・隱八	魏	布橋
	279.8	□	富		周	布空
	280.5	□	宙(軸)	詩・鄭風・清人	周	布空
	280.8	□	禾(和)	國語・晉語八	魏	布橋
	281.5	・□衞=	・南行昜(唐)(27)	趙世家・惠文王八年	趙	布圓
	281.6	□	公(容)	春秋・定四	韓	布銳
	282.5	・□□□	・筍辰□		齊	刀弧
	282.6	□・□□	筍・辰□		齊	刀弧

字形	編號	原釋	釋文	出處	國別	幣類
	283.3	□□	尋尾	左·昭廿三	周東	布方
	283.3	□□	尋尾	左·昭廿三	周東	布方
	285.2	□	貢(鞏)	左·昭廿六	周	布空
	286.8	□	冥(鄍)	左·僖二	周	布空
	287.1	□	叚(瑕)	左·昭廿四	魏	布方
	287.6	□	雲		周	布方
	287.7	□	郥(耿)	左·閔元	魏	布方
	288.1	□□□	鄘治屯		齊	刀弧
	288.2	□	一百[合文]		齊	刀大

	288.7	平□・	平臺(28)・	地理志・常山郡	趙	布圓
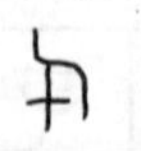	289.2	・□□	仁(尸)氏・	左・昭廿六	東周	布方
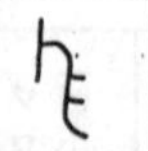	289.3	□□・	・仁(尸)氏	左・昭廿六	東周	布方
	289.5	□□・	襄平・		趙	布尖
	290.1	□	戈		周	布空
	290.2	□	雩(盂)	春秋・僖廿一	周	布空
	290.7	・・□邑	邸・	史記・陳餘傳	趙	布方
	292.4	□□・	・田(貫)也(地)	春秋・僖二	魏	布方
	292.5	□□・	平・歺(利)	地理志・廣平國	趙	布方

	292.6	□□	处(咎)女(如)	左·僖廿三	魏	布方
	292.7	□□	处(咎)女(如)	左·僖廿三	魏	布方
	293.1	□□	酉(酸)棗	左·襄卅	魏	布方
	293.2	□	[隹阝](雝)	路史·國名記	魏	布方
	296.4	□	凡	左·隱七	周	布空
	296.8	□	月		周	布空
	297.2	□	王		齊	刀大
	298.8	□	少(瑣)貞(釘)	左·昭五	楚	版
	298.8	□	少(瑣)貞(29)(釘)	說文	楚	版

	299.1	□·爰	郣·(30)(酈)(31)稱	楚世家·襄十八	楚	版
	300.8	□	上		燕	刀弧
	301.1	□	下		燕	刀弧
	301.2	□	上下[合文]		燕	刀弧
	303.4	□	吅(鄰)(32)		燕	刀弧
	304.6	□	下		燕	刀弧
	305.7	□	午		周	布空
	306.3	□	呂(33)	郡國志·永安縣志	周	布空
	308.8	□	匀		燕	刀弧

女	309.6	□□・	中兄・		燕	刀弧
丂	313.1	□	万		燕	刀弧

注釋：

一．李家浩《楚王酓璋戈與楚滅越的年代》，《文史》二四・二〇。

二．吳振武《戰國貨幣銘文中的刀》，《古文字研究》一〇・三一〇。

三．李家浩《戰國於疋布考》，《中國錢幣》一九八六年四期。

四．裘錫圭《戰國文字中的市》，《考古學報》一九八〇年三期。

五．李學勤釋，引《古文字研究》八・一六。

六．李家浩《戰國邙布考》，《古文字研究》三・一六〇。

七．何琳儀《楚官肆師》，《江漢考古》待刊。

八．黃錫全來函所示。

九．何琳儀《戰國文字通論》一〇九頁，中華書局，一九八九年。

十．李家浩《戰國貨幣文字中的幣和比》，《中國語文》一九八〇年五期。

十一．安志敏《金版與金鉼》，《考古學報》一九七三．二。

十二．同注九。

十三．同注九，一〇八。

十四．何琳儀《返邦刀幣考》，《中國錢幣》一九八六．三。

十五．同注九，九八。

十六．何琳儀《貝地布幣考》，《陝西金融．錢幣專輯》（十四），一九九〇年。

十七．同上注。

十八．朱德熙《古文字考釋四篇》，《古文字研究》八輯，一六頁，一九八三年。

十九．何琳儀《漫談戰國文字與齊系貨幣銘文釋讀》，《山東金融研究》錢幣專刊（二），一九八九。

二十．同注九，一〇八。

二一．北文《秦始皇書同文字的歷史作用》，《文物》一九七三年一一期。

二二．裘錫圭《戰國貨幣考》，《北京大學學報》一九七八年二期。

二三．駢宇騫《試釋楚國貨幣文字巽》，《語言文字研究專輯》下．二九二。

二四．同注十六。

二五．李學勤《論博山刀》，《中國錢幣》一九八六．三。

二六．湯餘惠《戰國時代魏繁陽的鑄幣》，《史學集刊》一九八六年四期。

二七．同注二二。

二八．同注二二。

二九．李學勤《東周與秦代文明》三一九頁。文物出版社，一九八四年。

三十．郝本性、郝萬章《河南扶溝古城村出土的楚金銀幣》，《文物》一九八〇．一〇。

三一．黃盛璋《新出戰國金銀器銘文研究》，《古文字研究》十二輯，三三九頁，一九八五年。

三二．何琳儀《戰國文字與傳鈔古文》，《古文字研究》一五．一二四。

三三．鄭家相《中國古代貨幣發展史》五〇頁，三聯書店，一九五八年。

原載《文物研究》第六輯（一九九〇年）

編後記：

一．原文釋欠妥者，今刪除若干條。

二・原文校釋有改正者，計有：「」（一〇五・六）、「郣」（二〇一・三）、「邾」（二六五・二）、「祁氏」（二六六・二）、「杬比當圻」（二七七・七）、「禾」（二八〇・八）、「」（二九三・二）、「少貞」（二九八・八）等。詳見本書所收有關論文。

三・技術性的更動，隨文乙正。

四・《文編》中還有若干需要校釋者，本書所收論文或已有考訂，因其寫作時間晚於《古幣文編校釋》，茲不贅述。

引用書目簡稱表

前編——羅振玉《殷虛書契前編》

後編——羅振玉《殷虛書契後編》

佚存——商承祚《殷契佚存》

乙編——董作賓《殷虛文字乙編》

京津——胡厚宣《戰後京津新獲甲骨集》

拾掇——郭若愚《殷契拾掇》

粹編——郭沫若《殷契粹編》
屯南——考古研究所《小屯南地甲骨》
類纂——姚孝遂等《殷墟甲骨刻辭類纂》

攈古——吳式芬《攈古錄金文》
奇觚——劉心源《奇觚室吉金文述》
貞松——羅振玉《貞松堂集古遺文》
三代——羅振玉《三代吉金文存》
錄遺——于省吾《商周金文錄遺》
河北——河北省文物管理處《河北省出土文物選集》
中山——張守中《中山王嚳器文字編》
總集——嚴一萍《金文總集》

辭典——丁福保《古錢大辭典》
東亞——奧平昌洪《東亞錢志》
起源——王毓詮《我國古代貨幣的起源和發展》

發展——鄭家相《中國古代貨幣發展史》
先秦——商承祚等《先秦貨幣文編》
文編——張頷《古幣文編》
新探——朱活《古錢新探》
貨系——馬飛海《中國歷代貨幣大系》
侯馬——山西文物管理委員會《侯馬盟書》
十鐘——陳介祺《十鐘山房印舉》
璽彙——羅福頤《古璽彙編》
璽文——羅福頤《古璽文編》
漢徵——羅福頤《漢印文字徵》
孴錄——顧廷龍《古陶文孴錄》
陶彙——高明《古陶文彙編》
仰天——史樹青《長沙仰天湖楚簡研究》
信陽——河南省文物研究所《信陽楚墓》
隨縣——湖北省博物館《曾侯乙墓》

包山——湖北省荊沙鐵路考古隊《包山楚簡》
秦簡——張世超等《秦簡文字編》
類編——高明《古文字類編》
秦漢——徐中舒等《秦漢魏晉篆隸字形表》
古研——中華書局《古文字研究》

地圖圖例

符號	名稱
◘	首都
○	城邑
◐	相關城邑

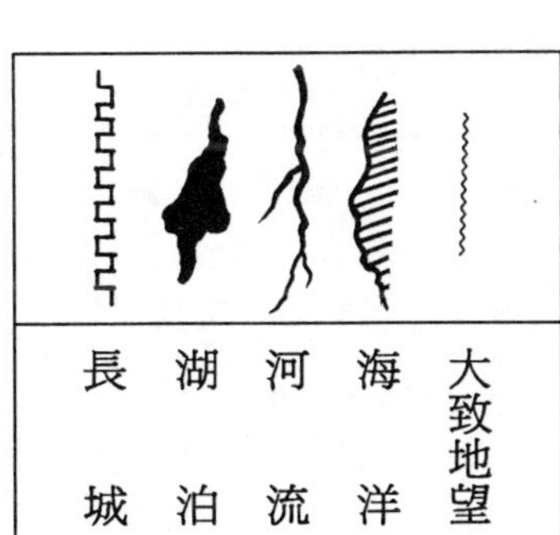

後記

一九九三年，筆者赴香江參加第二屆國際中國古文字學研討會，順便至臺島一遊。承蒙臺北同仁雅意，囑筆者在中央研究院歷史語言研究所做一次學術演講。因事前計劃無此一演講，只得將此行攜帶贈香江同仁之有關古幣文章數十篇稍事歸納，權做講稿。嗣後，臺北友人建議將拙文中凡涉及古幣者彙爲一帙，在臺付梓。

臺島歸後，旋將舊稿略事增刪，又補若干新作，此即《古幣叢考》之初稿。繕寫數月，於一九九四年寄交臺北。

豈料此類純學術之著作在臺印行與內地相同，亦大不易。拙稿幾經易手，輾轉多處，最後蒙中央研究院史語所鍾柏生主任、臺灣師範大學季旭昇教授青覽，始絕處逢生，柳暗花明，得以付梓問世。

一九九三年，琳儀與鍾主任於香江中文大學識荆，會後履臺又與鍾主任、季教授於臺北相晤。翌年與季教授再晤於穗城古文字年會，過從不可謂密邇。然均一見如故，言談之際每服二君淹雅卓識，多獲教益。語云：君子以文會友，以友輔仁。豈是之謂乎。

本書經鍾主任及季教授多方奔走，始蒙臺北文史哲出版社彭老闆厚愛，於一九九六年慨允出版。

尤可感者，臺島山海阻隔，郵寄不便，拙稿倩季教授之力精校月餘，乙正魯魚亥豕甚夥，並代塡原篆，俾拙稿生色多矣。感激之情，實難以言表。又游國慶君於拙著之梓行多所費心，陳文芬小姐義務代爲校稿，茲一併申謝。

一九九五年七月

季跋

何琳儀教授爲著名古文字大師于省吾先生之入室弟子，於古文字學造詣綦深，旭昇拜讀其古文字諸論文，早已欽佩在心。一九八九年何著《戰國文字通論》出版，旭昇研之再三，尤爲歆服。蓋近數十年來，地不愛寶，神州大陸戰國資料大量出土，何教授以其深邃之甲金文知識，下探戰國文字，循源搜委，如目在綱。是以戰國文字雖字形紛淆，夙稱難解，然於何教授筆下，則如破竹剝筍，勝義時出，此蓋其學有根柢，功在不舍，有以致之。

何教授此書爲其多年研究之心得，共收古幣論文計二十五篇，皆以古文字深厚之根柢探究古幣文字之奧祕，約而言之，其大要如下：〈漫談戰國文字與齊系貨幣銘文釋讀〉一篇綜論古幣銘文釋讀之歷史與方法，並舉例說明。〈返邦刀幣考〉一篇釋「齊返邦張杏化」爲齊襄王復國所造貨幣。〈釋賹朊〉一篇考定戰國齊方孔圜錢銘文「賹朊」，即合乎法度之賹刀，「賹朊」謂「記載法定刀幣」之義。〈釋四〉一篇考釋燕國明刀背文之「四」字，以爲「厶」與「四」爲一字之分化。〈燕國布幣考〉一篇考訂七種燕國布幣銘文，並介紹新發現之「宜平」布。〈空首布選釋〉就空首布銘文舊釋有誤者六則予以考訂，並指出其地望。〈首陽布幣考—兼述斜肩空首布地名〉一篇考訂「首陽」斜肩空首布幣孤品銘文，並介紹其它五種斜肩空首布幣：三川釿、盧氏、武安、武采、武。〈周方足布考〉探討東、西周四種方足小布及疑似者：東周、尸氏、北尋、留。〈銳角布幣考〉考訂三晉銳角布五種：百涅、盧氏百涅、舟百涅、容、垂。〈韓國方足布四考〉考訂四種韓方足布：尙子、唐是、𨚖、洀。〈百邑布幣考—兼述尖足空首布地名〉一篇考釋山西侯馬新田新出土之「百邑」聳肩尖足空首布，並兼述尖足空首布可以確知地望者兩種：甘丹、呂。〈刺人布幣考〉考釋山西運城地區新徵集之「刺人」空首尖足布，刺人即列人，地在今河北肥鄉東北十五里。〈尖足布幣考〉一篇討論四十七種趙國尖足布幣，其中包括新出土之「博」尖足平首布，而邪、昜曲、壽陰、城襄、陽也、百陽、尹城、郎、宁、成等幣文考釋與舊說不同。〈趙國方足布三考〉一篇考訂鮮虞、幵陽、平利等三種趙國方足布。〈貝地布幣考〉一篇考訂「貝地」布幣銘文及地望。〈余亡布幣考〉一篇考釋「余亡」布幣，並簡述三孔布幣中之地名三十種。〈王夸布幣考〉一篇考訂「王夸」之地望，並修訂〈余亡布幣考—兼述三孔布地名〉之舊誤。〈三孔布幣考〉一篇新釋三孔布幣地名：侂、梠、鄭、卩齊、安陰。並考訂三十種三孔布幣之國別代年代。〈橋形布幣考〉一篇考訂橋形布幣銘二十一種，其中二種爲僞。新釋禾、槅二種。〈魏國方足布四考〉一篇考釋魏國方足布銘文四種：下陽、瑕、耿、向。〈負疋布幣考〉一篇考釋衛國「負疋」方足小布。〈三晉方足布彙釋〉一篇全面考訂三晉方足布，共計：韓國二十種、附錄二種；趙國二七種、附錄十種；魏國十七種、附錄四種。〈三晉圜錢彙釋〉一篇考訂三晉圜錢中之地名十種，並分析圜錢之文字形體、國別年代。〈楚幣五考〉一篇考釋楚幣四種：燕尾布「杬比堂圻」、金版「尃鎶」、鉛版「福壽」、錢牌「見金」。〈古幣文編校釋〉一篇全面校釋《古幣文編》釋文之闕誤，共計一百零四則。以上各篇，或正舊說之誤、或揭創新之說，皆好學精思、深造有得之作，於當今古幣考釋專書中，當爲上乘之作，其於古文字學、古泉界之貢獻，功莫大焉。

文史哲出版社彭先生既見本書，亟推重之，立允出版，以嘉惠泉界士林，其鑑識精敏、古道熱腸，令人既感且佩，爰誌其誠，以表謝意。

八十五年五月季旭昇識於臺灣師大國文系